AF195951

Niko 2

Differenziertes Lesebuch

Erarbeitet von
Stephanie Hinkelmann (Baden-Württemberg)
Tanja Weihrauch (Nordrhein-Westfalen)
Susanne Wolff (Baden-Württemberg)

Ernst Klett Verlag
Stuttgart · Leipzig

Inhalt

→ KV 1a, 1b

→ KV 1a, 1b

Niko-Geschichte

Hallo liebe Kinder!

Erinnert ihr euch noch an mich?
Nun sind die Sommerferien vorbei und ihr seid schon in der zweiten Klasse.
Was habt ihr erlebt in den großen Ferien?
5 Ich habe gemütlich Urlaub auf Balkonien gemacht
und mit meinem neuen Freund Hugo Hörnchen gespielt.
Er stand in den Ferien plötzlich mit einem Koffer in meinem Garten
und hat gefragt, ob er hier wohnen kann.
Da mein Haus groß genug ist und ich nicht gerne allein bin,
10 habe ich sofort „Ja!" gesagt.

Hugo Hörnchen ist klein, aber sehr schlau.
Immer wenn ich Hilfe brauche, ist Hugo Hörnchen zur Stelle.
In den ersten beiden Ferienwochen
hat er mir sogar das Schwimmen beigebracht.
15 Nun können wir den ganzen Tag in meinem Pool planschen.
Wir haben viel Zeit in meinem Garten verbracht
und uns mit Freunden getroffen.
Wir hatten viel Spaß.

Trotzdem freue ich mich,
20 dass die Schule wieder losgeht.
Hugo Hörnchen nehme ich jeden Tag mit.
Ich verstecke ihn in meiner Schultasche.
Wenn ein Kind in der Schule
etwas nicht gleich kann,
25 hilft Hugo Hörnchen immer.
Er kann so gut erklären.

Ich freue mich schon sehr
auf die gemeinsamen Abenteuer,
die uns in diesem Lesebuch
30 und in meinem Haus erwarten.

Mein Zuhause ist ein ganz geheimnisvoller Ort.
Bei mir gibt es keine Klingel.
Wenn du mich besuchen möchtest,
kannst du einfach ins Haus gehen.
35 Du musst dir nur gut überlegen,
durch welche Tür du gehst.
Denn mein Haus ist wie ein Buch.
Hinter jeder Tür versteckt sich eine neue Welt,
die wir gemeinsam entdecken können.
40 Hugo Hörnchen hat eine eigene Eingangstür.
Leider kann ich nicht in seine Wohnung, ich bin viel zu groß.
Aber Hugo Hörnchen kommt oft rüber zu mir.
Auf uns warten nun tolle Abenteuer und spannende Geschichten.

Euer Niko mit Hugo Hörnchen

Stephanie Hinkelmann, Susanne Wolff

Miteinander lernen

Ausreden in der Schule

Anna:

Frau Lehrerin, ich kann nichts dafür.
Es war verflixt – glauben Sie mir:
Mein Wecker hat verschlafen!
Ich werde ihn bestrafen.

Paul:

Beim Warten auf die Straßenbahn
biss mich ein wilder Löwenzahn.
Das hat vielleicht weh getan!
Deshalb bin ich später dran.

Ida:

An der Haltestelle vom Bus
trat mir ein Hydrant auf den Fuß.
Der Knöchel ist gleich angeschwollen
Wie hätt' ich schneller gehen sollen?

→ KV 14 a, 14 b, 74   → weitere Lesetexte: KV 11 – 13   Track 3

Peter:

Im Stadtpark flog mir ein Geier ins Ohr
und riss mich zwanzig Meter empor,
so dass ich beide Schuhe verlor.
Ich verspreche, es kommt nicht mehr vor!

Lehrerin:

Liebe Kinder, ich glaub euch zwar nicht,
aber nun zum Sachunterricht.
Wer kann mir sagen: Wie groß und wie schwer
ist ein aufgebundener Bär?

Georg Bydlinski

Kemal

Kemal, mein bester Freund, das ist einer!
Was der kann, kann keiner.
Deutsch spricht er nicht viel.
Aber beim Fußballspiel.
Linksaußen.
Rechtsaußen.
Torwart, o Mann!
Es gibt keinen,
der das kann:
Kemal spricht mit den Beinen.

Lisa-Marie Blum

Wähle einen Text.

○ Sofie will nicht fragen

Sofie weint.
Sie hat nicht aufgepasst.
Nun weiß sie nicht, was sie aufhat.
„Dann frag doch Katja",
5 sagt die Mutter.
„Ganz allein kann man nicht lernen."
Erst will Sofie nicht.
Aber dann läuft sie doch zu Katja.
Sie fragt: „Was müssen wir lesen?"
10 „Die Seite fünfzig", sagt Katja.
Erst liest Katja. Dann liest Sofie.
Es macht Spaß.

nach Peter Härtling

◕ Sofie will nicht fragen

Frau Heinrich sagt:
„Lest bis morgen die Seite fünfzig im Lesebuch."
Sofie hat nicht aufgepasst.
Zuhause weint sie.
5 „Was ist denn los?", fragt die Mutter.
Sofie sagt: „Ich weiß nicht, was ich aufhabe."
„Dann frag doch Katja."
„Nein!", schreit Sofie. „Die will immer allein lernen."
„Ganz allein kann man nicht lernen", sagt die Mutter.
10 Sofie knallt die Tür zu.
Aber dann läuft sie doch zu Katja.
Sie fragt: „Was müssen wir lesen?"
„Die Seite fünfzig", sagt Katja.
Erst liest Katja. Dann liest Sofie.
15 Sofie liest laut. Katja liest lauter.
Es macht Spaß.

nach Peter Härtling

Sofie will nicht fragen

Frau Heinrich sagt: „Lest bis morgen die Seite fünfzig im Lesebuch."
Sofie hat nicht aufgepasst.
Sie denkt: Was soll ich lesen?
Als die Mutter nach Hause kommt, weint Sofie.
5 „Was ist denn los?", fragt Mutter.
Sofie sagt: „Ich weiß nicht, was ich aufhabe."
„Dann frag doch den Olli."
„Nein!", schreit Sofie. „Der denkt dann, ich bin dumm."
„Oder frag Katja."
10 „Ich bin doch nicht blöd. Die will immer allein lernen."
„Ganz allein kann man nicht lernen", sagt die Mutter.
Sofie knallt die Tür hinter sich zu.
Aber dann läuft sie doch zu Katja.
Sie fragt: „Was müssen wir lesen?"
15 „Die Seite fünfzig", sagt Katja.
Erst liest Katja. Dann liest Sofie.
Sofie liest laut. Katja liest noch lauter.
Es macht Spaß.

Peter Härtling

Hier kannst du weiterlesen!

.... *Aufgaben zu allen Texten* ....

1 Warum weint Sofie?

2 Die Mutter sagt: „Ganz allein kann man nicht lernen."
Was meint sie damit?

3 Wusstest du auch schon einmal eine Hausaufgabe nicht?
Wie ging es dir da? Begründe.

Wähle einen Text.

○ Omas Zöpfe im Tintenfass

Oma erzählte:
„Früher gab es keine Füller.
Wir hatten eine Feder.
Sie wurde immer in ein Fass mit Tinte getaucht.
5 Das steckte im Schultisch.
Damals hatte ich lange Zöpfe.
Der Junge hinter mir in der Bank
tauchte sie manchmal in sein Tintenfass.
Dann hatte ich Flecke auf dem Rücken.
10 Der Junge fand das sehr witzig,
meine Mutti aber gar nicht!"
„Das hätte ich gerne gesehen!", lachte ich.

Tanja Weihrauch

◒ Omas Zöpfe im Tintenfass

Ich saß an den Hausaufgaben.
Mit meinem Füller schrieb ich
langsam in die Reihen.
Meine Oma saß neben mir
5 und schaute mir zu.
Plötzlich musste sie lachen:
„Als ich so alt war wie du, hatten wir keine Füller.
Wir hatten einen Federhalter mit Feder.
Immer wieder musste er in ein Tintenfass getaucht werden.
10 Das steckte im Schultisch.
Damals hatte ich lange Zöpfe.
Der Junge, der hinter mir in der Bank saß,
schnappte sich manchmal meine Zöpfe
und tauchte die Spitzen in sein Tintenfass.
15 Hinterher hatte ich dann Tintenflecke auf dem Rücken.
Der Junge fand das sehr witzig,
meine Mutti aber gar nicht!"
„Das hätte ich gerne gesehen!", lachte ich.

Tanja Weihrauch

Omas Zöpfe im Tintenfass

Ich saß an den Hausaufgaben.
Mit meinem neuen Füller schrieb ich
langsam und vorsichtig in die Reihen.
Meine Oma saß neben mir.
5 Sie strickte und schaute mir bei der Arbeit zu.
Plötzlich musste sie lachen und begann zu erzählen:
„Als ich so alt war wie du, hatten wir keine Füller.
Wir hatten noch einen Federhalter mit Feder.
Immer wieder musste er in ein Tintenfass eingetaucht werden,
10 denn es gab noch keine Patronen.
Das Fass steckte im Schultisch in einem Fach.
Beim Schreiben passierte es ganz leicht,
dass man einen Fleck aufs Papier machte.
Übrigens hatte ich damals lange Zöpfe.
15 Meistens dachte ich daran,
sie beim Schreiben nach vorne zu legen.
Der Junge, der hinter mir in der Bank saß,
schnappte sich nämlich manchmal meine Zöpfe
und tauchte die Spitzen in sein Tintenfass.
20 Hinterher hatte ich dann Tintenflecke auf dem Rücken.
Der Junge fand das sehr witzig,
meine Mutti aber gar nicht!"
„Das hätte ich gerne gesehen!", lachte ich.

Tanja Weihrauch

 *Aufgaben zu allen Texten*

1 Womit hat Oma in der Schule geschrieben? Unterstreiche.

2 Wie kamen die Tintenflecke auf Omas Rücken?

3 Warum fand Omas Mutti das nicht witzig?

4 Frage deine Oma oder deinen Opa nach Geschichten aus der Schule.
Erzählt sie in der Klasse und unterhaltet euch darüber.

Wähle einen Text.

○ Schulbesuch

Eines Tages sagte Frau Ludwig:
„Morgen bringe ich Bodo mit.
Er hat lange Haare, große Ohren
und braune Flecken.
5   Er war noch nie in der Schule,
darum ist er aufgeregt.
Dann wird er manchmal etwas wild und laut.
Seid also bitte leise, wenn wir kommen."

Am nächsten Morgen warteten wir ganz still auf Bodo.
10   Endlich kam Frau Ludwig mit ihm herein.
Wir lachten
und Bodo bellte fröhlich.

Tanja Weihrauch

◐ Schulbesuch

Eines Tages sagte Frau Ludwig:
„Morgen bringe ich einen Gast
mit in die Schule. Er heißt Bodo.
Er hat lange Haare, große Ohren
5   und überall braune Flecken.
Er war noch nie in der Schule,
darum ist er bestimmt aufgeregt.
Dann wird er manchmal etwas wild und laut.
Seid also bitte leise, wenn wir kommen."
10   Luca rief: „Ist Bodo gefährlich?"
„Nein, gefährlich ist er nicht",
beruhigte ihn Frau Ludwig.

Am nächsten Morgen warteten wir ganz still auf Bodo.
Alle starrten auf die Tür.
15   Endlich kam Frau Ludwig mit ihm herein.
Wir lachten und Bodo bellte fröhlich.

Tanja Weihrauch

● Schulbesuch

Eines Tages sagte Frau Ludwig:
„Morgen bringe ich einen Gast mit in die Schule.
Er heißt Bodo.
Bodo ist so alt wie ihr,
5 aber ein ganzes Stück kleiner als Tina.
Er hat lange Haare, große Ohren
und überall braune Flecken.
Etwas dick ist er auch.
Er war noch nie in der Schule,
10 darum ist er morgen bestimmt aufgeregt.
Dann wird er manchmal etwas wild und laut.
Seid also bitte leise, wenn wir kommen,
damit alles gut geht."
Luca rief: „Ist Bodo gefährlich?"
15 „Nein, gefährlich ist er nicht",
beruhigte ihn Frau Ludwig.

Am nächsten Morgen warteten wir ganz still auf Bodo.
Was für ein komischer Kerl war Bodo wohl?
Alle starrten auf die Tür.
20 Endlich kam Frau Ludwig mit ihm herein.
Wir lachten und Bodo bellte fröhlich.

Tanja Weihrauch

.... *Aufgaben zu allen Texten* ....

1 Wie sieht Bodo aus? Unterstreiche. Dann male Bodo.

2 Warum lachten die Kinder?

3 Was hat dir an der Geschichte gefallen? Begründe.

4 Hättet ihr gerne Tiere zu Besuch in der Klasse?
    Sprecht miteinander darüber.

Wähle einen Text.

○ Die neue Schülerin

Es klopfte.
Ein Mann, ein Mädchen und ein Elefant
guckten durch die Tür.

Das war die neue Schülerin Inga.
5 „Ich lasse den Elefanten auf dem Schulhof“,
sagte ihr Vater.
Der Elefant winkte mit dem Rüssel.

Ingas Vater ging wieder.
Inga aber hüpfte
10 zu dem leeren Platz.
Ganz hinten neben Max.

nach Cornelia Funke

◐ Die neue Schülerin

Es klopfte.
Ein Mann, ein Mädchen und ein Elefant
guckten durch die Tür.

Der Lehrer, Herr Grempel, staunte.
5 „Ich bringe Ihnen eine neue Schülerin“,
sagte der Mann. „Meine Tochter Inga.“
Inga lächelte.
„Ich lasse den Elefanten auf dem Schulhof.
Vergiss nicht, ihn zu füttern“, sagte ihr Vater.
10 Der Elefant winkte mit dem Rüssel.

Ingas Vater verschwand wieder.
Inga aber hüpfte
zu dem einzigen leeren Platz.
Ganz hinten neben dem dicken Max.

nach Cornelia Funke

Die neue Schülerin

Die Klasse 2b hatte gerade Rechnen.
Bei Herrn Grempel. Da klopfte es.
Ein Mann, ein Mädchen und ein Elefant
guckten durch die Tür.

5 „Ist das hier die Klasse 2b?", fragte der Mann.
Herr Grempel nickte verdattert.
„Ich bringe Ihnen eine neue Schülerin",
sagte der Mann. „Meine Tochter Inga."
Inga lächelte.
10 „Viel Spaß mein Kind!", sagte ihr Vater.
„Ich lasse den Elefanten auf dem Schulhof.
Vergiss nicht, ihn zu füttern."
Der Elefant winkte mit dem Rüssel.

Ingas Vater verbeugte sich bis zur Erde
15 und verschwand wieder.
Inga aber hüpfte zu dem einzigen leeren Platz.
Ganz hinten neben dem dicken Max.

Cornelia Funke

Hier kannst du weiterlesen!

.... *Aufgaben zu allen Texten* ....

1 Wer guckte während der Rechenstunde durch die Klassentür? Unterstreiche.

2 Was erfährst du über die neue Schülerin? Erzähle es deinem Partner.

3 Wahr oder falsch? Kreuze an.

	wahr	falsch
In der Tür stehen plötzlich eine Frau und ein Hund.	☐	☐
Das neue Mädchen heißt Inga.	☐	☐
Der Elefant winkt mit dem Taschentuch.	☐	☐
Inga setzt sich neben Max.	☐	☐

4 Wie kann die Geschichte weitergehen?
Du kannst deine Geschichte erzählen, aufschreiben oder malen.

Zogg

In einer Schule, vor langer Zeit, lehrte Frau Drache beflissen
die jungen Drachen alles das, was Drachen wissen müssen.
Zogg, der größte kleine Drache, war stets eifrig bei der Sache,
denn er wollte liebend gern einen schönen goldnen Stern.

5 Im ersten Jahr war Fliegen dran. „Auf, auf!",
ruft Frau Drache, „steigt in den Himmel hinauf.
Ich hab's euch gezeigt, nun übt es allein,
und wenn ihr groß seid, werdet ihr perfekte Flieger sein."
Zogg machte sich ans Üben. Er schwang sich in den Raum.
10 Er schwirrte und schwebte in Schleifen und Kreisen –
und krachte gegen einen Baum.
Ein Mädchen kam und sagte: „Du Armer, weine nicht.
Willst du ein hübsches Pflaster quer über dein Gesicht?"
„Oh", sagte Zogg, „das wäre fein!" Auf und davon er flog.
15 Sein Pflaster glänzte rosig, wie er im Zickzack durch die Lüfte zog.

Ein Jahr verrann. Und dann, im zweiten Jahr, war Brüllen dran.
„Mehr", ruft Frau Drache. „Brüllt noch mehr! Brüllt lauter, bitte sehr!
Ich hab's euch gezeigt, nun übt es allein,
und wenn ihr groß seid, werdet ihr perfekt im Brüllen sein."
20 Zogg machte sich ans Üben. Er brüllte fürchterlich,
er brüllte viele Stunden – und brüllte heiser sich.
Da kam das Mädchen wieder und rief: „Du lieber Schreck!
Willst du ein Pfefferminzbonbon? Dann geht dein Halsweh weg."
„Oh", sagte Zogg, „das wäre fein!" Auf und davon er flog
25 und roch nach Pfefferminze, wie er im Zickzack durch die Lüfte zog.

Ein Jahr verrann. Und dann, im dritten Jahr, war Feuerspeien dran.
„Nein!", ruft Frau Drache. „Ihr sollt nicht Schnee, nein Feuer spei'n!
Ich hab's euch gezeigt, nun übt es allein,
und wenn ihr groß seid, werdet ihr perfekt im Feuerspeien sein."
30 Zogg machte sich ans Üben. Er schnaubte los, so stark es ging,
und kam in solchen Taumel – dass sein Flügel Feuer fing.

  → KV 16a, 16b, 72 Track 1

Da kam das Mädchen wieder: „Ach, hast du dich verbrannt?
Willst du für deinen Flügel einen hübschen Wundverband?"
„Oh", sagte Zogg, „das wäre fein." Auf und davon er flog.

35 Ein weißes Band flog hinterdrein, wie er im Zickzack durch die Lüfte zog.

Im vierten Jahr – erratet ihr's? „Jetzt, Freunde, wird studiert",
ruft Frau Drache frohgemut, „wie man Prinzessinnen entführt.
Ich hab's euch gezeigt, nun übt es allein,
und wenn ihr groß seid, fangt ihr Hunderte von ihnen ein."

40 Zogg machte sich ans Üben. Doch wurde es ihm schwer,
wie sehr er sich auch mühte. „Ich kann das nicht!", rief er.
„Ich kriege nie den goldnen Stern!" Da sah er das Mädchen vor sich.
„Ich bin Prinzessin Perle. Entführ doch einfach mich!"
„Oh", sagte Zogg, „das wäre fein." Auf und davon sie flogen.

45 Prinzessin Perle hielt sich fest,
wie sie im Zickzack durch die Lüfte zogen.
„Ah!", ruft Frau Drache freudig.
„Prinzessin Nummer eins!
Glückwunsch, Zogg, mein Lieber!
50 Das Sternchen, das ist deins!"

Julia Donaldson

Hier kannst du weiterlesen!

1   Was lernt Zogg alles in der Drachenschule? Unterstreiche.

2   Wie findest du das Verhalten des Mädchens? Begründe.

3   Wahr oder falsch? Kreuze an.

	wahr	falsch
Zogg lernt in der Schule dichten und singen.	☐	☐
Frau Drache unterrichtet jedes Jahr etwas anderes.	☐	☐
Das Mädchen hilft Zogg nie, wenn er Probleme hat.	☐	☐
Zogg kann nicht gut Prinzessinnen entführen.	☐	☐
Das Mädchen ist eine Prinzessin und heißt Perle.	☐	☐

Gesund und munter

Was mein Körper alles kann

Ich habe zwei Augen, um dich zu sehen.
Ich habe zwei Beine, um zu dir zu gehen.

Ich habe zwei Arme, die im Dunkeln dich führen.
Ich habe zwei Hände, die dich gerne berühren.

Ich habe zwei Ohren, um dir zuzuhören.
Ich hab' einen Mund, der will dich nicht stören.

Ich hab' eine Nase, die schnuppert im Topf,
und wenn ich denken will, benutz' ich den Kopf.

Sabine Trautmann

Schüttle dich und rüttle dich

Schüttle Schlechte-Laune-Krümel einfach weg,
Neid und Streit und Fliegendreck, einfach weg
und die giftigen Gedanken,
die aus deinen Ohren ranken.
Lausebeine, Stachelschweine,
knicke, knacke, Mausekacke,
schüttle dich und rüttle dich,
schüttle dich und rüttle dich,
schüttle diesen ganzen Dreck einfach weg.

Monika Ehrhardt

Kennst du deinen Körper? Rate mal!

Zwei sind's, die beieinander stehen
und alles gut und deutlich sehen.
Nur eines kennt das andere nicht.
Es sei, man hält den Spiegel vors Gesicht.

Die Schimmelchen, die weißen,
können kauen und beißen.
Doch jedes Kind wird wissen,
dass wir sie putzen müssen.

Du hast mich, doch du siehst mich nicht!
Ich geh dir stets voran!
Drum bitte, gib stets auf mich Acht,
und stoße nirgends an!
Denn ginge ich einmal kaputt,
wär's schlimm um dich bestellt!
Denn mich gibt's nicht ein zweites Mal
für dich auf dieser Welt.

Wir wandern mit dir, Schritt für Schritt,
wir laufen, springen, hüpfen mit.
Rechts und links und trapp, trapp, trapp,
geht's die Straße auf und ab.
Liegst im Bett du, dann zu Haus,
ruhen wir uns gleichfalls aus!

Marga Arndt, Waltraud Singer

BEINEARMEKÖRPERAUGENFÜSSEHÄNDENASEMUNDOHRENZÄHNEHALS

→ KV 20b

Wähle einen Text.

○ Kalle

Jochen will Fußball spielen.
Auf dem Platz sind Tönne und Martin.
Den Torwart kennt er nicht.
Jochen schießt aufs Tor.
5 Aber der Torwart hält den Ball sicher.
Jochen geht zu ihm.
Es ist eine Torwärterin!
Sie grinst ihn an. „Ich bin Kalle."

nach Anne Steinwart

◒ Kalle

Jochen fährt mit dem Fahrrad zum Bolzplatz.
Irgendwer ist da immer, um Fußball zu spielen.
Heute sind es Tönne und Martin aus seiner Klasse.
Den Torwart kennt er nicht.
5 Jochen fragt, ob er mitmachen kann.
„Klar", sagt Martin.
Er schießt Jochen den Ball zu.
Jochen zielt aufs Tor.
Ein guter Schuss!
10 Der Torwart wirft sich dem Ball entgegen,
fängt ihn und fällt mit ihm in den Dreck.
Jochen will sofort wissen, wer dieser Supertorwart ist.
Der setzt sich auf den Ball und guckt ihn an.
Jochen staunt.
15 Der Torwart ist ganz klar ein Mädchen.
Eine Torwärterin!
Sie grinst ihn an. „Ich bin Kalle."

nach Anne Steinwart

Kalle

Jochen fährt mit dem Fahrrad zum Bolzplatz.
Die Wiese mit den beiden Toren liegt neben dem Freibad.
Irgendwer ist da immer, um Fußball oder Handball zu spielen.
Schon von weitem sieht Jochen, dass Tönne und Martin
5   aus seiner Klasse Elfmeterschießen üben.
Den Torwart kennt er nicht.
Jochen stellt sein Fahrrad an den Zaun und fragt,
ob er mitmachen kann. „Klar", sagt Martin.
Er schießt Jochen den Ball zu.
10 Jochen nimmt Anlauf und zielt aufs Tor.
Ein guter Schuss!
Der Torwart wirft sich dem Ball entgegen,
fängt ihn und fällt mit ihm in den Dreck.
Jochen geht zu ihm.
15 Er will sofort wissen, wer dieser Supertorwart ist.
Der setzt sich auf den Ball und mustert ihn neugierig.
Jochen kriegt Stielaugen.
Der Torwart ist ganz klar ein Mädchen.
Eine Torwärterin!
20 Sie grinst ihn an. „Ich bin Kalle."

Anne Steinwart

.... *Aufgaben zu allen Texten* ....

 1 Was erfährst du über Jochen? Unterstreiche.

2 Gib der Geschichte eine andere Überschrift.

3 Der Torwart ist eine Torwärterin. Wie findest du das? Begründe.

4 Wie kann die Geschichte weitergehen?
Du kannst deine Geschichte erzählen, aufschreiben oder malen.

21

Wähle einen Text.

Zucker und Zähne

○ **Schau mal – so viel Zucker!**

Manchmal weiß man gar nicht,
wie viel Zucker in leckeren Dingen ist.
Sieh dir mal die Tabelle an.
Was meinst du, wie viele Zuckerstücke
5 du an einem Tag isst und trinkst?

Leckereien	Zuckergehalt
1 Glas Fruchtsaft, Cola, Limonade	6 bis 9 Stück Würfelzucker
5 Gummibärchen	3 Stück Würfelzucker
1 Kinderjogurt	6 Stück Würfelzucker
1 Kinderriegel	3 Stück Würfelzucker
2 Teelöffel Nussnougatcreme	4 Stück Würfelzucker
2 Esslöffel Ketchup	3 Stück Würfelzucker

◑ **Richtiges und gutes Essen**

Im Laufe deines Lebens isst und trinkst du
ungefähr 70 Tonnen Lebensmittel.
Das ist etwa so viel, wie 15 Elefanten wiegen.

Deshalb ist es wichtig, dass du möglichst bunt isst.
5 Am besten futterst du über den Tag verteilt
so viele Obst- und Gemüseportionen,
wie du Finger an deiner Hand hast.

Zu viele Süßigkeiten können dich krank machen.
Du bist dann schnell müde, zappelig und blass
10 oder hast keine Lust, irgendwas zu machen.
Süße Lebensmittel machen deine Zähne kaputt.
Es ist besser, nur einmal am Tag zu naschen,
als ständig ein bisschen.

Sylvia Becker-Pröbstel

Zähne sind wichtig

Deine Zähne sind wichtig, um feste Nahrung zu essen.
Beim Kauen zerkleinerst du die Nahrung.
Zusammen mit dem Speichel entsteht ein Brei.
Den kann dein Körper gut verdauen.
5 Du hast unterschiedliche Zähne:
Schneidezähne, Eckzähne und Backenzähne.
Zweimal im Leben wachsen dir Zähne.
Als Baby bekommst du so nach und nach deine Milchzähne.
Unter den 20 Milchzähnen warten schon deine neuen Zähne.
10 Vom sechsten Lebensjahr an fallen deine Milchzähne
wieder nach und nach aus.
Du hast bestimmt auch Zahnlücken!
Die bleibenden Zähne behältst du ganz lange.
32 Zähne hat dein bleibendes Gebiss.
15 Du musst es sehr gut pflegen.
Dann kannst du auch als Oma oder Opa alles essen,
weil du gesunde Zähne hast.

.... *Aufgaben zu allen Texten* ....

  1 Bildet Dreiergruppen. Jeder liest einen der drei Texte.

 2 Was ist für dich das Wichtigste im Text? Unterstreiche.
Schreibe es auf eine Karte. → S. 109

 3 Tauscht die Informationen untereinander aus.

  4 Unterhaltet euch darüber, was ihr gelesen habt.
Denkt dabei auch über die Fragen nach.
• Warum muss ich meine Zähne gut pflegen?
• Warum muss ich überlegen, was ich esse?
• Wie viel Obst, Gemüse oder Zucker sollte ich am Tag essen?

Wähle einen Text.

○ Ein Wort

Alina und Simon sind schon lange Freunde.
Als sie auf den Spielplatz kommen,
ruft Maren: „Alina und Simon sind verliebt!"
Simon wird wütend und läuft weg.
5 Er will nicht, dass die anderen Kinder lachen.
Alina ist traurig.
„Willst du nicht mehr mein Freund sein?", fragt sie.
„Doch! Aber ich will nicht, dass die anderen lachen."
Alina meint: „Wir hören einfach nicht hin."

nach Manfred Mai

◑ Ein Wort

Alina und Simon sind schon lange Freunde.
Was sie macht, macht er auch – und umgekehrt.
Wenn Alina lacht, lacht Simon mit.
Wenn er traurig ist, wird sie auch traurig.
5 Als sie am Nachmittag auf den Spielplatz kommen,
ruft Maren: „Alina und Simon sind verliebt!"
„Stimmt ja gar nicht!", widerspricht Alina.
„Stimmt doch", behauptet Maren.
„Und ihr seid alle blöd!", schreit Simon und läuft davon.

10 Er wartet nicht auf Alina.
Das Wort „verliebt" saust wie wild durch seinen Kopf.
Er will nicht, dass die anderen Kinder lachen.
Alina ist traurig und wütend.
Sie fragt Simon: „Warum versteckst du dich vor mir?"
15 Simon weiß nicht, was er antworten soll.
„Oder willst du nicht mehr mein Freund sein?", sagt Alina leise.
Simon nickt. „Aber ich will nicht, dass die anderen …
du weißt schon was rufen und lachen."
Alina überlegt. „Weißt du was?
20 Wenn sie es wieder rufen, hören wir es einfach nicht."
Simon ist überrascht. Darüber muss er erst mal nachdenken.

nach Manfred Mai

Ein Wort

Alina und Simon sind befreundet, seit sie denken können.
Was sie macht, macht er auch – und umgekehrt. Wenn Alina lacht,
lacht Simon mit. Wenn er traurig ist, vergeht auch ihr das Lachen.
Wenn Simon Hunger hat, spürt auch Alina ihren Magen knurren.

5 Und wenn sie aufs Klo muss, muss er natürlich auch.
Als sie am Nachmittag miteinander auf den Spielplatz kommen,
ruft Maren: „Alina und Simon sind verliebt!" „Stimmt ja gar nicht!",
widerspricht Alina. „Stimmt doch", behauptet Maren.
„Sonst würdet ihr nicht alles zusammen machen – wie Mann und Frau",

10 fügt sie noch hinzu. „Und ihr seid alle ganz blöd!", schreit Simon
und läuft davon. „Simon! Warte auf mich!", ruft Alina. Aber Simon wartet nicht.
Das Wort „verliebt" saust wie wild durch seinen Kopf. Er will es nicht hören,
und er will nicht, dass die anderen Kinder tuscheln und kichern. Deswegen
geht er Alina aus dem Weg. Alina ist traurig und wütend. Sie passt Simon

15 vor dem Haus ab und fragt: „Warum versteckst du dich vor mir?"
Simon wird rot und weiß nicht, was er antworten soll.
„Du bist mein bester Freund", sagt Alina. Und etwas leiser:
„Oder willst du nicht mehr mein Freund sein?" Simon nickt.
„Aber ich will nicht, dass die anderen … du weißt schon was rufen und lachen."

20 „Die anderen sind doof." „Trotzdem." Alina überlegt. „Weißt du was?
Wenn sie es wieder rufen, hören wir es einfach nicht."
Simon guckt sie überrascht an. Darüber muss er erst mal nachdenken.

Manfred Mai

········ *Aufgaben zu allen Texten* ·······································

1 Warum läuft Simon davon? Unterstreiche.

2 Was denkst du über Alinas Vorschlag? Begründe.

3 Wahr oder falsch? Kreuze an.

	wahr	falsch
Alina und Simon sind beste Freunde.	☐	☐
Maren ist in Simon verliebt.	☐	☐
Simon läuft wütend weg.	☐	☐
Am Ende hat Simon eine gute Idee.	☐	☐

Wähle einen Text.

○ **Putzi**

Es waren einmal drei kleine Mäuse.
Mitzi konnte sehr gut schwimmen.
Sie war eine sportliche kleine Maus.
Fritzi spielte sehr gut Fußball.
5 Er war eine sportliche kleine Maus.
Putzi konnte sehr gut Dame spielen.
Er war keine sportliche kleine Maus.

nach Elizabeth Shaw

◑ **Putzi**

Es waren einmal drei kleine Mäuse:
Fritzi, der ein großartiger Fußballer war –
Mitzi, die sehr gut schwimmen konnte –
und Putzi, der am liebsten Dame spielte.
5 Morgens wurden die Kinder geweckt.
Fritzi und Mitzi sprangen aus ihren Betten.
Putzi tat, als ob er noch schliefe.
Erst als Mitzi und Fritzi schon unter der Dusche standen,
stieg er aus dem Bett
10 und spritzte kurz Wasser auf die Nase.
Sobald die Schularbeiten fertig waren,
ging Fritzi Fußball spielen und Mitzi ging zum Schwimmbad.
Putzi aber hockte in der Stube und übte Dame.
„Warum gehst du nicht an die frische Luft?",
15 fragte die Mutter.
„Ich möchte Dame üben", sagte Putzi,
„und außerdem habe ich Schnupfen."

nach Elizabeth Shaw

Putzi

Es waren einmal zwei sportliche Mäuse.
Sie hatten drei Kinder –
Fritzi, der ein großartiger Mittelstürmer beim Fußball war –
Mitzi, die sehr gut schwimmen konnte –
5 und Putzi, der am liebsten Dame spielte.
Frühmorgens wurden die Kinder zeitig geweckt.
Fritzi und Mitzi sprangen aus ihren Betten
und atmeten am offenen Fenster tief ein und aus.
Putzi tat, als ob er noch schliefe.
10 Erst als Mitzi und Fritzi sich schon unter der Dusche
warm und kalt brausten, stieg er aus dem Bett
und betupfte seine Nasenspitze mit Wasser.
„Hast du dich überhaupt gewaschen?",
fragte eines Morgens die Mutter,
15 als sie ein Stück Pudding vom vorigen Abendessen
hinter Putzis Ohr entdeckte …
Sobald die Schularbeiten fertig waren,
ging Fritzi Fußball spielen und Mitzi ging zum Schwimmbad.
Putzi aber hockte in der Stube und übte Dame.
20 „Warum gehst du nicht an die frische Luft?",
fragte die Mutter.
„Ich möchte Dame üben", sagte Putzi,
„und außerdem habe ich Schnupfen."

Elizabeth Shaw

> Putzi ist anders, aber er gewinnt trotzdem einen Pokal. Ein tolles Buch!

········ *Aufgaben zu allen Texten* ··

1 Gib der Geschichte eine andere Überschrift.

2 Beschreibe die drei Mäuse.

3 Wodurch unterscheidet sich Putzi von seinen Geschwistern?

4 Wie findest du es, dass Putzi anders ist als seine Geschwister?
Begründe.

Bimmi und die Victoria A

Mitten in der Stunde muss Bimmi plötzlich laut niesen.
„Gesundheit", sagt die Lehrerin, Fräulein Warmbad,
„du wirst doch nicht auch noch die Grippe bekommen."
Sie fasst Bimmi an die Stirn.

5 „Kein Wunder, ihr duscht euch morgens nicht kalt,
zieht euch nicht warm genug an, geht durch Pfützen,
niest und hustet euch an, gebt euch sogar die Hand
und esst statt Vitaminen Kekse.
Sonst würdet ihr nämlich gesund bleiben",

10 sagt Frau Warmbad vorwurfsvoll und sie hustet furchtbar.
„Auf deiner Stirn kann man ja Eier braten, Bimmi", sagt sie weiter,
„du hast Fieber, musst zum Arzt. Komm, wir rufen Mutti an."
„Nee, lieber Vati", krächzt Bimmi, denn Halsschmerzen hat sie auch.
„Mutti ist auf einer Dienstreise."

15 Vati bekommt einen schönen Schreck, als sie anrufen.
„Ja, ich komme sofort!", sagt er besorgt und stöhnt leise.
„Und gerade diese Woche hab ich so viel zu tun.
Mir dampft der Kopf."

→ KV 22 a, 22 b, 77 Track 6

Doch schon nach einer halben Stunde kommt er angespurtet
20 und geht mit Bimmi zur Ärztin.
Die arbeitet in Bimmis Hochhaus im ersten Stock.
Im Wartezimmer sieht Bimmi den Fred aus dem neunten Stock.
Hat der vielleicht eine rote Fieberbirne.
Die Ärztin weiß ihren Spruch schon auswendig:
25 „Grippe! Bettruhe! Diese Tabletten alle sechs Stunden!
Morgen komme ich zum Hausbesuch!"
Und dann: „Aha, der Vater!"
Knie können wirklich schlackern, denkt Bimmi.
„Komm, meine Kleine, ich trag dich lieber",
30 sagt Vati mitleidig. „Moment, da kommt Fred",
flüstert Bimmi, geht mit steifen Beinen wie im Ballett
und hakt sich bei Vati ein.

Zu Hause hilft ihr Vati ins Nachthemd.
Sie kriecht unter die kühle, leichte Bettdecke.
35 Endlich. Zu schwach für alles.
Will nicht essen, nicht fernsehen, nicht malen.
Einfach daliegen und Vati zusehen, das ist noch am besten.

Helga Schubert

Die Victoria A ist eine schlimme Grippe!

----

1 Bimmi muss niesen. Was befürchtet Frau Warmbad? Unterstreiche.

2 Frau Warmbad ist unzufrieden. Was sagt sie? Unterstreiche.

3 Warum will Bimmi nicht von Vati getragen werden?
Tauscht eure Meinungen aus.

4 Welche Wörter gehören nicht zum Kranksein? Streiche durch.

Masern	Grippe Victoria A	Windpocken	Kartoffelpuffer
Halsschmerzen	Kopfschmerzen	Kopfstand	Halsverband
hohes Fieber	lila Flieder	bittere Tabletten	kalte Umschläge

Du und ich und wir

Ich wünsch' dir einen guten Tag
und dass dich heute jeder mag,
dass du froh aufgestanden bist
und dass dir schmeckt, was du heut isst,
und dass der Tag dir bis zur Nacht
viel Freude macht!

Rolf Krenzer

Ich spiel auch gern mal allein

Wolkentheater

Das allerschönste Spiel, das man ganz allein
für sich bei schönem Wetter spielen kann,
ist eine Vorstellung des Wolkentheaters.
Lege dich gemütlich ins Gras und betrachte
die Wolken am Himmel!
Schon nach kurzer Zeit bemerkst du,
dass die eine kleine Wolke aussieht
wie Tante Gerda, wenn sie lacht,
und die Wolke daneben
verformt sich plötzlich
zu einem Wolkenschwein mit Hut.
Je länger du hinschaust,
umso lebendiger wird das Theater,
und du wärst bestimmt nicht der Erste,
der vor lauter Wolken-Gucken vergisst,
dass es doch eigentlich soo langweilig war.

Almuth Bartl

→ weitere Lesetexte: KV 23 – 25

Jeder kann was andres gut

Tim schaut runter auf die Zehen.
Tim schläft beinah ein beim Gehen.
Tim, der träumt sich weit, weit fort,
weg an einen Zauberort.

Lisa ist die „Klitzekleine",
hat dafür die schnellsten Beine,
ist viel schneller als der Jan,
weil sie Turbo laufen kann.

Kofi findet bunte Steine,
glatte, spitze, große, kleine,
und er sammelt allerlei
vom Gummi bis zum Straußenei.

Rosalie kann Spuckrohr zielen
und am besten Karten spielen.
Alle sagen „Menschenskind",
weil sie immerzu gewinnt.

Pia, Sandro, Sven und Ruth,
jeder kann was andres gut.
Handstand, pfeifen, Blinde Kuh,
Elfer raus … Und was kannst du?

Regina Schwarz

→ KV 26 a, 26 b 31

Wähle einen Text.

○ Eine Lektion in Freundschaft

Es waren einmal zwei Spatzen,
die hießen Tschik und Tschilp.
Tschik bekam ein Paket mit Hirse von seiner Oma.
Er pickte alle Körner alleine auf.
5 Tschilp fand aber ein paar Körner auf dem Boden.
Er wollte sie mit Tschik teilen.
Tschik wollte die Körner nicht annehmen.
Er schämte sich, weil er alle Körner alleine gepickt hatte.
Tschilp sagte: „Aber Freunde müssen alles teilen, oder?"
10 Da nahm Tschik die Körner und sagte:
„Danke für die Körner und für die Lektion in Freundschaft!"

nach Michail Pljatzkowski

◑ Eine Lektion in Freundschaft

Es waren einmal zwei Spatzen, die hießen Tschik und Tschilp.
Eines Tages bekam Tschik ein Paket von seiner Oma mit Hirse.
Tschik wollte nicht mit Tschilp teilen und pickte alle Körner alleine auf.
Ein paar Körner fielen aber auf die Erde und wurden von Tschilp entdeckt.
5 Er sammelte sie ein und flog damit zu Tschik.
„Guten Tag, Tschik! Ich habe Hirsekörner gefunden
und möchte sie mit dir teilen."
Tschilp erwiderte nur:
„Du hast sie gefunden,
10 du kannst sie alleine aufpicken!"
Tschik antwortete ihm:
„Wir sind doch aber Freunde, und Freunde
müssen alles teilen, oder?"
Tschik nickte und schämte sich sehr,
15 weil er seine Körner
nicht mit Tschilp geteilt hatte.
Tschik nahm einen Teil der Körner
von Tschilp an und sagte:
„Danke! Für die Körner und auch für die Lektion … in Freundschaft!"

nach Michail Pljatzkowski

Eine Lektion in Freundschaft

Es waren einmal zwei Spatzen: Tschik und Tschilp.
Eines Tages bekam Tschik ein Paket von der Oma.
Eine ganze Kiste voller Hirse. Seinem Freund Tschilp
aber erzählte Tschik nichts davon.

5 „Wenn ich die Hirse verteile, wird für mich nichts
übrig bleiben", dachte er. So pickte er dann auch
fast alle Körner auf, nur ein paar fielen dabei auf die Erde.
Diese Körner entdeckte Tschilp. Er sammelte sie in einer
Tüte und flog zu seinem Freund Tschik.

10 „Guten Tag, Tschik! Ich habe heute zehn Hirsekörner gefunden.
Die lass uns teilen und aufpicken."
„Ach nein … Warum denn?" Tschik schlug mit den Flügeln
und tat so, als würde es ihn nichts angehen.
„Du hast sie gefunden, du kannst sie auch aufpicken!"

15 „Wir sind doch aber Freunde", entgegnete Tschilp.
„Freunde müssen alles teilen. Ist das nicht so?"
„Ja, du hast bestimmt recht", antwortete Tschik.
Er schämte sich sehr, hatte er doch eine ganze Kiste Hirse
allein aufgepickt und nicht mit seinem Freund geteilt.

20 Jetzt Tschilps Geschenk abzulehnen, das hieße ihn beleidigen.
Tschik nahm die fünf Hirsekörner und bedankte sich:
„Ich danke dir, Tschilp! Für die Körner und auch
für die Lektion … in Freundschaft!"

Michail Pljatzkowski

Hier kannst du weiterlesen!

Aufgaben zu allen Texten

1 Was bekommt Tschik von seiner Oma geschenkt? Unterstreiche.

2 Wie geht Tschik mit seinem Geschenk um?

3 Was meint Tschik mit einer „Lektion in Freundschaft"? → S. 108

Track 9   → KV 27 b, 80   **33**

Wähle einen Text.

○ Warten lohnt sich

Laura sitzt vor dem Haus und wartet auf ihn.
Sie schaut jeden Tag,
ob der Postbote ihn gebracht hat.
Heute ist sie aber zu früh.
5   Sie muss noch auf das gelbe Fahrrad warten.
Plötzlich hält der Postbote ihr etwas unter die Nase.
Da weiß Laura:
Das Warten hat sich gelohnt! Er ist da.

Susanne Wolff

◑ Warten lohnt sich

Auf der Mauer vor dem Haus sitzt Laura und wartet auf ihn.
Sie schaut seit Montag täglich in den Briefkasten,
ob der Postbote ihn gebracht hat.
Heute ist sie zu früh dran und muss warten,
5   bis das gelbe Fahrrad um die Ecke kommt.
Ihre Freundin Miri hat ihn bereits am Freitag losgeschickt.
Abends, wenn Laura im Bett liegt, überlegt sie sich,
wie er wohl aussieht und was er ihr erzählen wird.
Nun ist Laura wieder ganz in ihre Gedanken versunken.
10   Da hält der Postbote ihr etwas unter die Nase.
Als er sie nach ihrem Namen fragt, weiß Laura:
Das Warten hat sich gelohnt! Er ist da.

Susanne Wolff

Warten lohnt sich

Draußen vor dem Haus auf der Mauer sitzt Laura. Sie wartet.
Seit Montag schaut sie täglich nach der Schule sofort in den Briefkasten,
ob der Postbote schon da war und ihn gebracht hat.
Aber auch heute muss sie feststellen, dass sie zu früh dran ist.
5 Also wartet sie.
Sie schaut die Straße hinauf und hinunter
und hält Ausschau nach dem gelben Fahrrad.
Ihre Freundin Miri hat am Telefon gesagt,
dass sie ihn bereits am vergangenen Freitag losgeschickt hat.
10 Wenn er doch nur endlich da wäre.
Immer wenn sie am Abend im Bett liegt,
stellt sie sich vor, wie er wohl aussieht.
In ihrer Fantasie sieht sie bunte Farben, Schmetterlinge und Sterne.
Was er ihr wohl alles erzählen wird,
15 wenn sie ihn endlich in den Händen hält?
Ganz versunken in ihre Gedanken
hat Laura gar nicht gleich bemerkt,
dass der Postbote plötzlich vor ihr steht.
Er hält ihr etwas unter die Nase
20 und fragt sie nach ihrem Namen.
Da weiß Laura:
Das Warten hat sich gelohnt! Er ist da.

Susanne Wolff

Hoffentlich bringt uns der Postbote auch etwas!

.... *Aufgaben zu allen Texten* ....

1 Worauf hat Laura die ganze Zeit gewartet?

2 Hast du auch schon einmal Post bekommen?
Wie hat sich das angefühlt?

3 Schreibe einen Brief an Niko.

Wähle einen Text.

Pausenspiele

○ **Blindes Zusammenfinden**

Immer zwei Kinder stehen sich gegenüber.
Sie legen die Handflächen gegeneinander.
Nun schließt jedes Kind die Augen
und dreht sich einmal im Kreis herum.
5 Dann versuchen beide Kinder mit geschlossenen Augen
die Handflächen wieder aufeinanderzulegen.

◑ **Faules Ei**

Alle Kinder bilden einen großen Kreis.
Ein Kind läuft hinter dem Kreis
und lässt bei irgendjemandem ein Taschentuch fallen.
Bemerkt dieses Kind das Taschentuch hinter sich,
5 so muss es das Taschentuch aufnehmen.
Das Kind versucht nun das andere Kind einzuholen,
bevor dieses einmal im Kreis rennen
und den leeren Platz einnehmen konnte.
Wenn das Kind das Taschentuch nicht bemerkt,
10 wird es zum faulen Ei und muss in die Kreismitte.

Mutter, Mutter, darf ich reisen?

Durch Abzählen wird ein Mitspieler zur Mutter bestimmt
und stellt sich in einer Entfernung von etwa zehn Metern
zu den anderen Mitspielern auf,
die in einer Reihe nebeneinanderstehen.
5 Nun ruft ein Mitspieler:
„Mutter, Mutter, darf ich reisen?"
Antwortet die Mutter mit „Nein",
fragt der nächste Mitspieler.
Antwortet sie mit „Ja", fragt er „Wohin?"
10 Die Mutter nennt ein Reiseziel, beispielsweise A-me-ri-ka,
und der Mitspieler darf so viele Schritte vortreten,
wie das Wort Silben hat.
Der Mitspieler, der zuerst bei der Mutter angelangt ist,
übernimmt als Nächster diese Rolle.

Gisela Dürr, Martin Steinhofer

Probiert die Spiele doch mal in der Pause aus!

.... Aufgaben zu allen Texten

 1 Bildet Dreiergruppen. Jeder liest einen der drei Texte.

 2 Wer wird zum Spielen gebraucht? Unterstreiche.

 3 Findet die Spielschritte heraus. Achtet auf die richtige Reihenfolge.

 4 Stellt euch die Spiele gegenseitig vor.

 5 Kennt ihr noch mehr Pausenspiele? Tauscht euch aus.

Wähle einen Text.

○ ## Meine Mama kann zaubern

Meine Mama kann zaubern.
Sie errät meine Geheimnisse.
Sie vertreibt meine schlechten Träume.
Und sie geht mit mir und meinem Bett auf Reisen.
5 Manchmal bin ich die Zauberin
und bringe Mama zum Lachen.
Wenn Mama mir sagt,
dass sie mich lieb hat …
… ist das besser als jede Zauberei.

nach Carl Norac

◑ ## Meine Mama kann zaubern

Meine Mama hat keinen spitzen Hut und keinen Zauberstab,
aber zaubern kann sie trotzdem.
Sie errät meine Geheimnisse und vertreibt schlechte Träume –
wie durch Zauberei.
5 Wenn Mama mir vorliest,
verwandelt sich mein Bett in ein Schiff
und wir gehen auf Reise –
wie durch Zauberei.
Aber manchmal bin ich die Zauberin.
10 Wenn ich singe und tanze,
bringe ich Mama immer zum Lachen.
Aber wenn Mama mir sagt,
dass sie mich lieb hat …
… dann ist das besser als jede Zauberei.

nach Carl Norac

Meine Mama kann zaubern

Meine Mama hat keinen spitzen Hut und keinen Zauberstab.
So was braucht sie nicht. Aber zaubern kann sie trotzdem.
Manchmal träume ich schlecht,
aber Mama vertreibt alle Ungeheuer – wie durch Zauberei.
5   Wenn ich Mama ein Geheimnis ins Ohr flüstere, errät sie es schon,
bevor ich zu Ende erzählt habe – wie durch Zauberei.
Wenn ich mir wehgetan habe, küsst Mama die Stelle und Simsalabim,
alles ist wieder gut – wie durch Zauberei.
Am liebsten gehe ich mit Mama schwimmen. Wir sind so schnell wie ein Delfin.
10 Mamas Lieblingskleid ist blau mit kleinen Wolken.
Wenn sie es anhat, ist der Himmel nie grau.
Wenn Mama Samen aussät, wachsen überall Blumen.
Manche werden sogar größer als ich – wie durch Zauberei.
Schmetterlinge flattern herbei,
15 um Mamas Gesang zu lauschen – wie durch Zauberei.
Aber manchmal bin ich die Zauberin. Wenn ich singe und tanze,
bringe ich Mama immer zum Lachen.
Ich mag es, wenn Mama Kuchen backt. Zum Geburtstag hat sie mir
einen Baumkuchen gebacken. Er war so groß wie eine Rakete!
20 Wenn Mama mir vorliest, verwandelt sich mein Bett in ein Schiff
und wir gehen auf Abenteuerreise – wie durch Zauberei.
Aber wenn Mama mir sagt, dass sie mich lieb hat …
… dann ist das besser als jede Zauberei.

Carl Norac

.... *Aufgaben zu allen Texten* ....

1 Was ist das Besondere an der Mama des Kindes?

2 Was erscheint dem Kind wie Zauberei? Unterstreiche.

3 Was kann das Kind zaubern?

4 Was ist besser als jede Zauberei? Begründe.

Irgendwie Anders

Auf einem hohen Berg, wo der Wind pfiff, lebte ganz allein
und ohne einen einzigen Freund Irgendwie Anders.
Er wusste, dass er irgendwie anders war, denn alle fanden das.
Wenn er sich zu ihnen setzen wollte oder mit ihnen spazieren gehen
5   oder mit ihnen spielen wollte, dann sagten sie immer:
„Tut uns leid, du bist nicht wie wir. Du bist irgendwie anders.
Du gehörst nicht dazu."
Irgendwie Anders tat alles, um wie die anderen zu sein.
Er lächelte wie sie und sagte „hallo". Er malte Bilder.
10 Er spielte, was sie spielten (wenn er durfte).
Er brachte sein Mittagessen auch in einer Papiertüte mit.
Aber es half nichts. [...]
Irgendwie Anders ging traurig nach Hause.
Er wollte gerade schlafen gehen,
15 da klopfte es an der Tür.
Draußen stand jemand – oder etwas.
„Hallo!", sagte es. „Nett, dich kennen zu lernen. Darf ich reinkommen?"
„Wie bitte?", sagte Irgendwie Anders.
„Guten Tag!", sagte das Etwas und hielt ihm die Pfote hin –
20 das heißt, eigentlich sah sie mehr wie eine Flosse aus.
Irgendwie Anders starrte auf die Pfote.
„Du hast dich wohl in der Tür geirrt", sagte er.
Das Etwas schüttelte den Kopf.
„Überhaupt nicht, hier gefällt's mir. Siehst du ..."
25 Und ehe Irgendwie Anders auch nur bis drei zählen konnte,
war es schon im Zimmer ... und setzte sich auf die Papiertüte.
„Kenn ich dich?", fragte Irgendwie Anders verwirrt.
„Ob du mich kennst?", fragte das Etwas und lachte.
„Natürlich! Guck mich doch mal ganz genau an, na los doch!"
30 Und Irgendwie Anders guckte.
Er lief um das Etwas herum, guckte vorn, guckte hinten.
Und weil er nicht wusste, was er sagen sollte, sagte er nichts.
„Verstehst du denn nicht!", rief das Etwas. „Ich bin genau wie du!
Du bist irgendwie anders – und ich auch."
35 Und es streckte wieder seine Pfote aus und lächelte.

Irgendwie Anders war so verblüfft,
dass er weder lächelte noch die Pfote schüttelte.
„Wie bin ich?", sagte er. „Du bist doch nicht wie ich!
Du bist überhaupt nicht wie irgendwas, das ich kenne. Tut mir leid,
40 aber jedenfalls bist du nicht genauso irgendwie anders wie ich!"
Und er ging zur Tür und öffnete sie. „Gute Nacht!"
Das Etwas ließ langsam die Pfote sinken.
„Oh!", machte es und sah sehr klein und sehr traurig aus.
Es erinnerte Irgendwie Anders an irgendwas,
45 aber er wusste einfach nicht, woran.
Das Etwas war gerade gegangen, da fiel es ihm plötzlich ein.
„Warte!", rief Irgendwie Anders. „Geh nicht weg!"
Er rannte hinterher, so schnell er konnte.
Als er das Etwas eingeholt hatte,
50 griff er nach seiner Pfote und hielt sie ganz, ganz fest.
„Du bist nicht wie ich, aber das ist mir egal.
Wenn du Lust hast, kannst du bei mir bleiben."
Und das Etwas hatte Lust. Seitdem hatte Irgendwie Anders einen Freund. […]
Und wenn einmal jemand an die Tür klopfte,
55 der wirklich sehr merkwürdig aussah,
dann sagten sie nicht „Du bist nicht wie wir"
oder „Du gehörst nicht dazu".
Sie rückten einfach ein bisschen zusammen.

Kathryn Cave, Chris Riddell

Hier kannst du
weiterlesen!

1 Warum wollen die Kinder nicht mit Irgendwie Anders spielen?

2 Was macht Irgendwie Anders, um dazuzugehören? Unterstreiche.

3 Wer klopft an Irgendwie Anders' Tür?

41

Traumhaft und fantasievoll

Zauberstab und Zauberhut

Zauberstab und Zauberhut,
Gelb mit roten Drachen,
Stehn dem alten Zauberer gut,
Sind seine besten Sachen.
Abends in der Zauberküche
Übt er seine Zaubersprüche,
Das erhöht die Zauberkraft.
Zaubern kann er zauberhaft.
Morgens steht der Zauberer auf
Bringt die Zauberuhr in Lauf
An der Zauberkette.
Und er wäscht sich mit der Zauber-
Seife Hals und Ohren sauber
Und dann stehn ihm doppelt gut
Zauberstab und Zauberhut.

Peter Hacks

Wenn ich groß bin

Wenn ich groß bin, werde ich Seefahrerin!
Dann entdecke ich eine geheimnisvolle Insel.
Dort kämpfe ich mit wilden Bestien und
Fleisch fressenden Pflanzen, mit Regen und Wind.
Auf einmal finde ich seltsame Spuren im Sand,
die sind … von einem Riesenvogel.
Der packt mich und entführt mich in die Lüfte.
Weit draußen schmeißt er mich ins Meer.
Da sinke ich bis auf den Grund,
wo eine alte Schatztruhe liegt.
Ein Delfin rettet mich und bringt mich zurück
in mein Boot. Der Delfin wird mein Freund
und zusammen heben wir den Schatz.

Erhard Dietl

Gespenster

Hast du Angst vor Gespenstern?
Wenn sie sitzen vor deinen Fenstern?
Wenn sie gekleidet in weißen Leinen
laut anfangen zu greinen?
Wenn es dunkel ist im Zimmer?
Fürchtest du dich immer?

„Schlafen bei Licht?
Das erlaube ich nicht",
sagt die Mama und gibt mir einen Kuss,
weil ich jetzt alleine schlafen muss.

Schon sehe ich die Gespenster,
wie sie sitzen vor meinem Fenster.
Die Gespenster fliegen im Mondschein
und wollen gern zu mir herein.
Sag, hast du Angst vor Gespenstern?
Wenn sie sitzen vor deinen Fenstern?

„Hab keine Angst vor Gespenstern",
sagt die Mama, „sie wachen vor den Fenstern.
Lass sie nur in den Raum –
dann bewachen sie deinen Traum."

Sag, hast du Angst vor Gespenstern?
Wenn sie sitzen vor deinen Fenstern?

Stephanie Hinkelmann, Susanne Wolff

43

Wähle einen Text.

○ **Geheime Botschaft**

Mix dir deine Zaubertinte

1. Schneide eine Zitrone durch.
   Presse sie aus.
   Vermische den Saft mit Wasser.

2. Tauche das Wattestäbchen ein.
   Schreibe eine Botschaft auf Papier.

3. Lasse das Papier trocknen.
   Erwärme das Papier mit einer Taschenlampe.
   Nun kannst du die Schrift lesen.

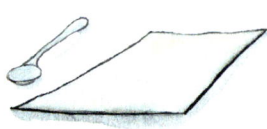

◒ **Geheime Botschaft**

Mix dir deine Zaubertinte

1. Presse eine halbe Zitrone aus
   und vermische sie mit Wasser.

2. Tauche das Wattestäbchen in deine Mischung.
   Jetzt kannst du anfangen zu schreiben.
   Achtung: Weil du die Geistertinte nicht sehen kannst,
   musst du genau aufpassen,
   wohin du schreibst.

3. Nun muss deine Schrift trocknen.
   Erwärme deine Botschaft
   mit Hilfe einer Taschenlampe.
   Nun kannst du sie lesen.

Geheime Botschaft

Mix dir deine Zaubertinte

Das brauchst du:
1 Zitrone, Zitronenpresse
Schälchen mit Wasser (etwa 50 ml)
Löffel, weißes Papier
Wattestäbchen, Taschenlampe

So geht's:

1. Halbiere die Zitrone und presse den Saft aus.
   Gieße den Saft in das Schälchen mit Wasser
   und verrühre die Flüssigkeiten.

2. Tauche ein Wattestäbchen in die Geistertinte
   und schreibe deine Botschaft auf ein weißes Papier.
   Achtung: Da die Geistertinte ja schlecht sichtbar ist,
   musst du gut aufpassen, dass du die Wörter
   nicht übereinander schreibst.

3. Lass die geschriebene Botschaft ein paar Minuten trocknen.
   Erwärme nun mit Hilfe der Taschenlampe das Papier.
   Was siehst du?

Hm, was da wohl steht?

.... *Aufgaben zu allen Texten* ....

 1 Was ist das Wichtigste im Text? Unterstreiche. → S. 109

2 Beschreibe, wie du eine Zaubertinte mixt.

3 Schreibe eine geheime Botschaft mit Zaubertinte.

Wähle einen Text.

○ Die knallharten Piraten

„Es gibt eine Sache,
die ich auf keinen Fall sehen will",
sagte der Piratenkapitän zu der Mannschaft,
„und das ist B … B … B …"

5 Die Mannschaft wartete.
Sie wusste, was er sagen wollte.
„B … B … B …", machte der Kapitän.
Die Piraten sahen hinunter auf ihre Füße.
Sie wollten auf keinen Fall lachen.

10 Also warteten sie,
bis der Kapitän DAS WORT sagte.
Er holte tief Luft:
„Das hier ist ein Angriff,
aber ich will auf keinen Fall B … B … B …"

15 „Blindschleichen?", schlug jemand vor.
„Bauchklatscher?"
„Blut!", platzte es aus dem Kapitän heraus.
„Ich kann kein Blut sehen!"
„Alle Mann in Position!", blaffte er die Piraten an.

20 Jetzt, da er das Wort ausgesprochen hatte,
ging es ihm besser.

nach Richard Hamilton

Wer ist Lisabeth? Das erfährst du, wenn du das ganze Buch liest.

Die knallharten Piraten

„Es gibt eine Sache, die ich auf keinen Fall sehen will",
sagte der Piratenkapitän zu der Mannschaft,
„und das ist B … B … B …"
Die Mannschaft wartete. Sie wusste, was er sagen wollte.
5 „B … B … B …", machte der Kapitän.
Sein Gesicht lief rot an und er bekam einen wilden Blick.
Die Piraten sahen hinunter auf ihre Füße.
Sie wollten auf keinen Fall lachen.
Wenn sie lachten, würde der Piratenkapitän womöglich platzen vor Wut,
10 und davor hatten sie Angst.
Also warteten sie, bis sich der Kapitän durchrang DAS WORT zu sagen.
Er holte tief Luft und zupfte sich am Bart: „Das hier ist ein Angriff.
Wir nehmen die Mannschaft gefangen.
Ihr könnt sie auskitzeln und ihre Sachen klauen.
15 Ihr könnt ruppig und knallhart sein, aber ich will auf keinen Fall B … B … B …"
„Blindschleichen?", schlug eine Stimme vor.
„Bauchklatscher?"
„Blut!", platzte es aus dem Kapitän heraus. „Ich kann kein Blut sehen!"
Machte man sich etwa über ihn lustig?
20 „Alle Mann in Position!", blaffte er die Piraten an.
Jetzt, da er das Wort ausgesprochen hatte, ging es ihm besser.
„Na komm schon, meine Hübsche",
drängte der Piratenkapitän sein Segelschiff. „Nur noch ein paar Längen.
Dann gibt's was zu futtern, Nahrungsmittel und einen dicken Schatz."
25 Er sah hinauf zu den Sternen.
„Bitte, bekommen wir einen Schatz?", flehte er.

nach Richard Hamilton

.... *Aufgaben zu allen Texten* ....

 1 Was bedeutet „B … B … B …"? Unterstreiche.

2 Was ist das Besondere an diesem Piratenkapitän?

3 Lies die Überschrift. Passt sie zum Text? Begründe.

Die knallharten Piraten

„Es gibt eine Sache, die ich auf gar keinen Fall sehen will",
sagte der Piratenkapitän zu der Mannschaft,
während das Schiff durch die dunkle Nacht glitt.
„Eine einzige Sache …"
5 Er kräuselte die Lippen und atmete geräuschvoll ein.
„Und das ist B … B … B …"
Die Mannschaft wartete. Einige Männer neigten den Kopf
zur Seite. Sie wussten, was er sagen wollte.
Aber würde er es aussprechen können?
10 „B … B … B …", machte der Kapitän.
Sein Gesicht lief rot an,
und er bekam einen wilden Blick.
Die Piraten sahen hinunter auf ihre Füße.
Sie betrachteten die Segel über ihren Köpfen.
15 Sie spähten sich gegenseitig in die schmutzigen Ohren.
Sie wollten auf keinen Fall lachen.
Wenn sie lachten, würde der Piratenkapitän womöglich
platzen vor Wut, und davor hatten sie Angst.
Also warteten sie, bis sich der Kapitän durchrang,
20 DAS WORT zu sagen.
Er holte tief Luft und zupfte sich den Bart.
„Das hier ist ein Angriff.
Wir gehen längsseits und entern.
Wir nehmen die Mannschaft
25 und die Passagiere gefangen.
Ihr könnt sie an der Nase ziehen.
Ihr könnt ihnen die Arme verdrehen.
Ihr könnt ihnen auf den Zehen rumtrampeln.
Ihr könnt sie auskitzeln
30 und ihre ganzen Sachen klauen.
Ihr könnt ruppig und knallhart
und abscheulich sein,
aber ich will auf keinen Fall
B … B … B …"

→ KV 33 b

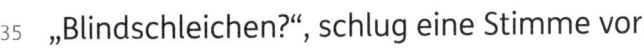

35 „Blindschleichen?", schlug eine Stimme vor.

„Bauchklatscher?"

„BLUT!", platzte es aus dem Kapitän heraus.

„Ich kann kein BLUT sehen!"

Er ließ seinen wilden Blick über die Männer schweifen.

40 Niemand sagte etwas.

„Jaja, ist ja gut", krähte ein Pirat

aus den hinteren Rängen.

Der Piratenkapitän blickte finster in die Runde.

Machte man sich etwa über ihn lustig?

45 „Alle Mann in Position!", blafft er die Piraten an.

Jetzt, wo er DAS WORT ausgesprochen hatte,

ging es ihm besser.

Mit leisem Knarzen glitt das Schiff durchs Wasser.

Ein sanfter Windhauch blähte die Segel.

50 In der Ferne konnten sie die Konturen des Kutters ausmachen.

Es war ein großes Schiff, viel größer als ihr eigenes.

Die Passagiere – falls welche an Bord waren – würden schlafen.

Ein oder vielleicht zwei Seemänner würden Wache halten.

Das Schiff war leichte Beute.

55 „Na komm schon, meine Hübsche",

drängte der Piratenkapitän sein Segelschiff.

„Nur noch ein paar Längen.

Dann gibt's was zu futtern,

Nahrungsmittel – und einen dicken Schatz."

60 Er sah hinauf in die Sterne.

„Bitte, bekommen wir einen Schatz?",

flehte er.

Richard Hamilton

Wer ist Lisabeth? Das erfährst du, wenn du das ganze Buch liest.

.... *Aufgaben zu allen Texten* ....

  1 Was bedeutet „B … B … B …"? Unterstreiche. → S. 108

2 Was ist das Besondere an diesem Piratenkapitän?

3 Lies die Überschrift. Passt sie zum Text? Begründe.

49

Wähle einen Text.

○ Die Sterntaler

Es war einmal ein armes, kleines Mädchen.
Es hatte nur noch die Kleider auf dem Leib
und ein Stückchen Brot.
So ging es in die Welt.

5 Da traf es Menschen,
die hungerten und froren noch mehr.
Und so gab es alles her.
Und wie es so dastand
und gar nichts mehr hatte,

10 fielen auf einmal Sterne vom Himmel
und waren Taler.
Und es hatte ein neues Hemdlein,
in das es die Taler sammelte.

nach einem Märchen der Brüder Grimm

◔ Die Sterntaler

Es war einmal ein kleines Mädchen.
Es war so arm,
dass es nur noch die Kleider auf dem Leib hatte
und ein Stückchen Brot in der Hand.

5 So ging es in die Welt.
Da begegnete ihm ein alter Mann,
der bat es um etwas zu essen.
Es reichte ihm das ganze Stück Brot
und sagte: „Gott segne dirs."

10 Da kam ein Kind, das fror so am Kopf.
Das Mädchen nahm seine Mütze
und gab sie dem Kind.
Und so gab es alle Kleider her.
Und wie es so dastand und gar nichts mehr hatte,

15 fielen auf einmal Sterne vom Himmel und waren Taler.
Und es hatte ein neues Hemdlein,
in das es die Taler sammelte.

nach einem Märchen der Brüder Grimm

Kennst du den gestiefelten Kater?

50

Die Sterntaler

Es war einmal ein kleines Mädchen, dem war Vater und Mutter
gestorben, und es war so arm, dass es kein Kämmerchen mehr hatte,
darin zu wohnen, und kein Bettchen mehr, darin zu schlafen, und endlich gar
nichts mehr als die Kleider auf dem Leib und ein Stückchen Brot in der Hand,
5 das ihm ein mitleidiges Herz geschenkt hatte. Es war aber gut und fromm.
Und weil es so von aller Welt verlassen war, ging es im Vertrauen auf den
lieben Gott hinaus ins Feld. Da begegnete ihm ein armer Mann, der sprach:
„Ach, gib mir etwas zu essen, ich bin so hungrig."
Es reichte ihm das ganze Stückchen Brot und sagte: „Gott segne dirs",
10 und ging weiter. Da kam ein Kind, das jammerte und sprach:
„Es friert mich so an meinem Kopfe, schenk mir etwas, womit ich ihn
bedecken kann." Da tat es seine Mütze ab und gab sie ihm.
Und als es noch eine Weile gegangen war,
kam wieder ein Kind und hatte kein Leibchen an und fror.
15 Da gab es ihm seins, und noch weiter, da bat eins um ein Röcklein,
das gab es auch von sich hin. Endlich gelangte es in einen Wald,
und es war schon dunkel geworden, da kam noch eins
und bat um ein Hemdlein, und das fromme Mädchen dachte:
„Es ist dunkle Nacht, da sieht dich niemand, du kannst wohl
20 dein Hemd weggeben", und zog das Hemd ab und gab es auch noch hin.
Und wie es so stand und gar nichts mehr hatte, fielen auf einmal Sterne vom
Himmel und waren lauter harte blanke Taler; und ob es gleich sein Hemdlein
weggegeben, so hatte es ein neues an, und das war vom allerfeinsten Linnen.
Da sammelte es sich die Taler hinein und war reich für sein Lebtag.

Märchen der Brüder Grimm

········ *Aufgaben zu allen Texten* ···

1 Was erfährst du über das Mädchen? Unterstreiche.

2 Was gab das Mädchen her? Unterstreiche.

3 Finde eine neue Überschrift.

4 Warum regnet es Taler? Begründe.

Das Mitternachtsschiff

Wenn Besuch kommt, muss ich manchmal bei meiner Schwester schlafen.
Ihr Zimmer ist dunkler und unheimlicher als meins.
Sie will immer oben schlafen. „Schließlich ist es mein Bett", sagt sie.
„Und ich bin die Ältere."
5 Ich liege unten und versuche zu schlafen, während sie sich oben
hin und her wälzt und das Bett schwankt.
„Hör auf!", flüstere ich. „Ich werde seekrank."
Meine Schwester kichert nur und dreht sich wieder um.
„Das ist ein Bett, kein Boot", sagt sie. Aber später, wenn Mama nach unten
10 gegangen ist und es richtig dunkel wird,
flüstert meine Schwester mir zu:
„Komm rauf! Das Mitternachtsschiff legt ab!"

Dann krabbele ich aus dem Bett
und klettere die Leiter zum Oberdeck
15 hinauf. Natürlich sitzt meine Schwester
schon am Steuerrad. Sie gibt Befehle
und tut so, als wäre sie der Kapitän.
„Schließlich ist es mein Bett",
sagt sie.
20 „Und ich bin die Ältere."

Wenn sie gut gelaunt ist,
lässt sie mich ans Steuer.
Dann leuchtet sie mit
ihrer Taschenlampe über
25 die tiefblauen Wellen.
Dabei hält sie Ausschau
nach Killerhaien,
Seeungeheuern
und schleimigen
30 Seeschlangen.

→ KV 34a, 34b

„Da ist ein Seeungeheuer!", ruft sie. Ich lehne mich hinaus,
um nachzusehen. Aber sie packt mich am Ärmel und reißt mich zurück.
„Pass auf, dass du nicht ins Wasser fällst!", sagt sie und grinst.
„Die fressen dich bei lebendigem Leib."

35 Ich kneife die Augen zusammen und spähe in die Dunkelheit.
„Schau, da ist eins!", ruft sie. „Und noch eins."
Aber sie schwenkt die Lampe so schnell herum,
dass ich kaum etwas erkenne.
Nur eine Sekunde lang sehe ich die silbernen Schwanzenden aufblitzen.

40 Dann verschwinden sie in der eisblauen Tiefe. Ich kann sie mir genau vorstellen:
Ihre Köpfe zerteilen die Wellen, ihre Mäuler sind weit aufgerissen.
Sie lauern auf Beute. Ihre giftigen Fangzähne glitzern in der Dunkelheit.
Plötzlich fliegt etwas an meinem Ohr vorbei.
„Hund über Bord!", schreit meine Schwester. Im Schein der Taschenlampe

45 erkenne ich Danny, ihren Stoffhund. Er hüpft in den Wellen auf und ab.
„Schnell!", ruft sie. Wir sausen hinunter, um ihn zu retten.
Natürlich bin ich es, die ins eiskalte Wasser greifen muss.
„Er ist dein Hund", sage ich.
Aber sie antwortet: „Ich bin die Ältere."

50 Also gebe ich nach, verlange aber: „Lass mich bloß nicht los!"
Ich habe keine Lust, zwischen lauter Seeschlangen
im Wasser herumzuplanschen.
Da lässt sie mich plötzlich fallen, und es macht laut PLUMPS!
Im Erdgeschoss geht die Tür auf, und Mama ruft nach oben:

55 „Ihr zwei hört sofort auf, im Bett herumzutoben.
Oder es gibt einen Riesenärger!"

Rose Impey

1 Wann bauen die Kinder ihr Bett in ein Boot um? Unterstreiche.

2 Welche Textstelle gefällt dir am besten? Trage sie vor.

3 Wie findest du den Text: lustig, langweilig, interessant, spannend, …?
Begründe.

Der Natur auf der Spur

Dicki Nicki

Dicki Nicki, ach, du Güte, naschte von der Samentüte.
Da wuchs ihm im Gesicht ein Bart Vergissmeinnicht.
Da wuchsen ihm aus seinem Haar drei Stiefmütterchen wunderbar.
Da wuchs ihm Gras aus seiner Nas'.
Da wuchs ihm aus der Hose eine rote Kletterrose,
drin hüpften blaue Meisen, die sangen süße Weisen.
Und hinten, na, ihr wisst schon wo,
da duftete nach einem Weilchen ein allerliebstes Veilchen.

Alfred Könner

Das Gänseblümchen

Solange überhaupt was blüht,
blüht auch das Gänseblümchen.
Wie sehr der Winter sich auch müht,
wo man nur etwas Grünes sieht,
das kleine Gänseblümchen blüht.

Heinz Kahlau

Der Löwenzahn

Dem Löwenzahn zum Ruhme
gibt es die Pusteblume.
Die Pusteblume ist sein Kind.
Wenn ihr nicht pustet,
kommt der Wind und pustet ihre Sterne.
Sie fliegen in die Ferne,
und wo sie landen, seht's euch an –
da wächst ein neuer Löwenzahn.

Heinz Kahlau

→ KV 40 b   → weitere Lesetexte: KV 35 – 39

Die Gäste der Buche

Mietegäste vier im Haus
hat die alte Buche.
Tief im Keller wohnt die Maus,
nagt am Hungertuche.
Stolz auf seinen roten Rock
und gesparten Samen
sitzt ein Protz im ersten Stock;
Eichhorn ist sein Namen.
Weiter oben hat der Specht
seine Werkstatt liegen,
hackt und zimmert kunstgerecht,
dass die Späne fliegen.
Auf dem Wipfel im Geäst
pfeift ein winzig kleiner
Musikante froh im Nest. –
Miete zahlt nicht einer.

Rudolf Baumbach

Das leise Gedicht

Wer mäuschenstill am Bache sitzt,
kann hören, wie ein Fischlein flitzt.

Wer mäuschenstill im Grase liegt,
kann hören, wie ein Falter fliegt.

Wer mäuschenstill im Bette lauscht,
kann hören, wie der Regen rauscht.

Wer mäuschenstill im Walde steht,
kann hören, wie ein Rehlein geht.

Wer mäuschenstill ist und nicht stört,
kann hören, was man sonst nicht hört.

Alfred Könner

Wähle einen Text.

○ Kleine Eulen dürfen heulen

„Guten Morgen! Schlaf gut!",
sagte Mutter Eule zur kleinen Eule.
Aber die kleine Eule wollte nicht ins Bett gehen und jammerte:
„Immer muss ich ins Bett, wenn es hell wird."
5 Die kleine Eule nahm sich vor:
Wenn ich groß bin,
bleibe ich den ganzen Tag auf.
Dann würde sie den Sonnenaufgang sehen
und die zweibeinigen Tagtiere kennenlernen.
10 Da war die kleine Eule wieder glücklich.

nach Ursel Scheffler

◐ Kleine Eulen dürfen heulen

„Guten Morgen! Schlaf gut!", sagte Mutter Eule zur kleinen Eule.
„Papa und ich fliegen zu Uhus zum Morgendämmerschoppen!"
Die kleine Eule wollte mitkommen.
„Die Nacht geht zu Ende, und kleine Eulen brauchen ihren Schlaf!",
5 sagte die Mama.
„Ich möchte einmal den Sonnenaufgang sehen!",
schluchzte die kleine Eule.
„Immer muss ich ins Bett, wenn es hell wird."
Aber die Mutter blieb hart.
10 Als die Eltern davonflogen, schluckte die kleine Eule
die letzten Tränen hinunter und nahm sich vor,
ganz lange wach zu bleiben,
damit sie den Sonnenaufgang sehen konnte.
Wenn ich groß bin, dann werde ich
15 so lange wach bleiben,
dass ich die zweibeinigen Tagtiere kennenlernen kann,
nahm sich das Eulenkind vor.
Da war die kleine Eule wieder glücklich.

nach Ursel Scheffler

Kleine Eulen dürfen heulen

„Guten Morgen! Schlaf gut und träum was Schönes!",
sagte Mutter Eule zur kleinen Eule. „Papa und ich fliegen
für ein halbes Stündchen zum Morgendämmerschoppen
bei Uhus im Kastanienbaum!"

5 „Ich möchte mitkommen!", rief die kleine Eule.
„Die Nacht geht zu Ende, und kleine Eulen brauchen ihren Schlaf!",
sagte Mama Eule.
„Ich möchte einmal die Sonne aufgehen sehen!", schluchzte die kleine Eule.
„Der Sonnenaufgang ist nichts für kleine Eulen", sagte Mama Eule.

10 „Bis die Sonne aufgeht, sind wir längst wieder zurück!"
„Immer muss ich ins Bett, wenn es hell wird!", heulte die kleine Eule.
„Huhuh – uhuuuu!"
Als Vater und Mutter Eule davonflogen,
schluckte das Eulenkind die letzten Tränen hinunter und nahm sich vor,

15 ganz lange wach zu bleiben,
damit es den Sonnenaufgang sehen konnte.
Da war die Traurigkeit wie fortgeflogen.
Einmal, wenn ich groß bin,
dann werde ich den ganzen Tag aufbleiben,

20 nahm sich das Eulenkind vor.
Ich möchte endlich
die zweibeinigen Tagtiere kennenlernen,
die morgens aufstehen und nachts schlafen.
Wie die wohl aussehen?

Ursel Scheffler

*Wann gehst du
ins Bett?*

.... *Aufgaben zu allen Texten* ....

1 Wann schlafen Eulen, wann sind sie wach? Unterstreiche.

2 Warum ist die kleine Eule traurig? Unterstreiche.

3 Was wünscht sich das Eulenkind, wenn es groß ist?

4 Wen meint das Eulenkind mit „zweibeinigen Tagtieren"? → S. 108

57

Wähle einen Text.

Kleines Blumenlexikon

○ **Löwenzahn**

Der Löwenzahn kann fast überall wachsen, sogar in Ritzen von Steinen.
Er kann bis zu 30 cm groß werden. Die Blüte ist gelb
und erinnert an die spitzen Zähne des Löwen. Daher kommt der Name.
Wenn der Löwenzahn verblüht, entstehen weiße Schirmchen.
5 Dann nennt man ihn Pusteblume. Diese Schirmchen sind Samenkörner.
Wo sie hinfliegen, wächst ein neuer Löwenzahn.

Stephanie Hinkelmann

◑ **Gänseblümchen**

Das Gänseblümchen ist ein kleines Blümchen.
Es wird nur 3 – 10 cm hoch. Die Blüte ist innen gelb und außen weiß.
Gänseblümchen blühen von März bis November.
Viele Kinder binden sich aus den Blumen einen Kopfschmuck.
5 Oder sie spielen damit „Er liebt mich, er liebt mich nicht".
Dabei reißen sie immer ein Blütenblatt ab
und sagen abwechselnd: „Er liebt mich",
beim nächsten Blatt, „er liebt mich nicht."
Was beim letzten Blatt gesprochen wird, soll wahr werden.

Stephanie Hinkelmann

_____

_____

→ KV 41 a, 41 b

Vergissmeinnicht

Es gibt sieben verschiedene Arten von Vergissmeinnicht.
Die Art, die bei uns im Garten steht, heißt auch „Blauer Korb".
Das Vergissmeinnicht kann 15 – 25 cm hoch werden.
Es blüht im Mai und Juni. Die Blume mag sonnige Plätze.
5 Schon seit langer Zeit gilt sie als die Blume der Liebenden,
die fest zusammen halten und nicht mehr auseinander gehen wollen.
Deshalb ist auch der deutsche Name
in viele andere Sprachen übernommen worden.

Stephanie Hinkelmann

Butterblume

Die Butterblume gehört zu den Hahnenfußgewächsen und wird auch
„Scharfer Hahnenfuß" genannt. Sie blüht mit einer 5- bis 7-blättrigen
gelben Blüte ab April bis in den September hinein und wird 30 – 100 cm hoch.
Die Butterblume enthält ein scharf schmeckendes Gift.
5 Weidevieh meidet daher diese Blume. Wenn Menschen die Pflanze essen,
kann es zu Brennen im Mund kommen und man kann Magenkrämpfe
und Durchfall bekommen. Wenn das Gift beim Pflücken an die Haut kommt,
kann sich diese röten oder man bekommt Schmerzen und Blasen auf der Haut.
Die Blume heißt auch Hahnenfuß, weil die Laubblätter
10 wie die Zehen von Hähnen aussehen.

Stephanie Hinkelmann

.... *Aufgaben zu allen Texten* ....

 1 Bildet Vierergruppen. Jeder liest ein bis zwei der vier Texte.

2 Was ist das Besondere an deiner Blume? Unterstreiche.

 3 Tauscht die Informationen untereinander aus.

4 Schreibe die richtigen Namen unter die Blumen.

5 Gänseblümchen und Löwenzahn kann man essen. Besorge dir Rezepte.

Wähle einen Text.

○ Die höchste Müllkippe der Welt

Der Mount Everest
ist der höchste Berg der Welt.
Jetzt wird er zur
höchsten Müllkippe der Welt.
5 Viele Wanderer
lassen ihren Abfall einfach
auf dem Berg liegen.
50 Tausend Kilo Müll
liegen dort schon.
10 Deshalb haben sich
Bergsteiger zusammengetan.
Sie sammeln den Müll ein.
Ihr Ziel ist es,
den Mount Everest
15 wieder müllfrei zu bekommen.

◑ Die höchste Müllkippe der Welt

Der Mount Everest in Asien ist der höchste Berg der Welt.
Jetzt wird er zur höchsten Müllkippe der Welt.
Viele der Wanderer lassen ihren Abfall einfach auf dem Berg liegen,
5 obwohl es dort keine Müllabfuhr gibt.
50 Tausend Kilo Müll sollen schon auf dem Mount Everest liegen.
Deshalb haben sich jetzt Bergsteiger aus Nepal zusammengetan.
Sie haben sechs Wochen lang alte Zelte, Seile, Dosen, Kartons,
Sauerstoffflaschen, Papier und anderen Müll gesammelt.
10 Insgesamt 8 Tausend Kilogramm.
Ihr Ziel ist es, den Mount Everest in ein paar Jahren
vollständig müllfrei zu bekommen.

Die höchste Müllkippe der Welt

Es gibt weltweit 14 Berge, die über 8 Tausend Meter hoch sind.
Acht dieser Berge liegen im Himalaya. Das ist eine Gebirgskette
zwischen den Ländern Nepal und Tibet in Asien.
Einer davon ist der Mount Everest. Er ist mit rund 8850 Metern

5 der höchste Berg der Welt. Man nennt ihn auch das „Dach der Welt".
Jetzt wird er zur höchsten Müllkippe der Welt.
Viele der Wanderer lassen ihren Abfall
einfach auf dem Berg liegen,
obwohl es dort keine Müllabfuhr gibt.

10 50 Tausend Kilo Müll sollen schon
auf dem Mount Everest liegen.
Das ist ungefähr so viel wie 20 Elefanten
oder 200 Löwen wiegen.
Deshalb haben sich jetzt Bergsteiger

15 aus Nepal zusammengetan.
Sie haben sechs Wochen lang alte Zelte,
Seile, Dosen, Kartons, Sauerstoffflaschen,
Papier und anderen Müll gesammelt.
Insgesamt 8 Tausend Kilogramm.

20 Ihr Ziel ist es, den Mount Everest
in ein paar Jahren
vollständig müllfrei zu bekommen.

Was machst du mit deinem Müll?

Aufgaben zu allen Texten

1 Warum wird jetzt der höchste Berg der Welt zur höchsten Müllkippe der Welt?

2 Wer hat begonnen, den Berg zu säubern? Unterstreiche.

3 Was musste alles aufgesammelt werden? Zähle auf.

4 Wie beurteilst du das Verhalten der Wanderer und Bergsteiger? Begründe.

61

Ein Konzert für die Sonne

Die große Versammlung der Tiere war zu Ende.
Vieles war besprochen worden.
Die Tiere legten sich ins Gras, um sich auszuruhen,
und ließen sich die Sonne auf die Köpfe scheinen.

5 „Freunde, ich habe noch eine Frage!", rief der Igel plötzlich
und rannte zum Löwen, der in der Mitte des Platzes lag.
„Wem haben wir das alles zu verdanken? Wer ist immer für uns da?
Wer schenkt uns Wärme?"
Alle schauten ihn erstaunt an.

10 „Von wem sprichst du?", fragte der Löwe, der kurz dachte,
der Igel könnte vielleicht ihn meinen, den König der Tiere …
„Von wem ich spreche? Von der Sonne!", rief der Igel aufgeregt.
„Ich spreche von der Sonne! Sie wärmt uns, so wie jetzt.
Sie zeigt uns den Weg, sie führt uns durch den Tag! Sie ist gut zu uns!"

15 „Die Sonne?", brummte der Löwe enttäuscht. Er dachte nach, dann nickte er.
„Du hast Recht! Die Sonne ist gut zu uns."
„Aber", rief der Igel noch aufgeregter, „die Sonne ist immer allein!
Ist euch das schon aufgefallen? Sie hat niemanden an der Seite,
der für sie da ist! Ihr geht es nicht so gut wie uns! Wir haben einen Mann,

20 eine Frau, wir haben Kinder. Die Sonne aber ist immer allein.
Ich finde – die Sonne sollte heiraten! Und wir müssen ihr helfen!
Wir müssen jemanden finden, der zu ihr passt!"
„Der Igel hat Recht!", riefen die Tiere durcheinander. „Die Sonne soll heiraten!
Sie ist immer allein. Los, machen wir uns auf die Suche nach einem Bräutigam!"

25 Alle erhoben sich. Es herrschte ein gewaltiges Durcheinander.
„Ruhe!", brüllte da der Löwe, so laut er konnte.
Er sprang auf einen Steinblock, von dem aus er alle gut sehen konnte.
„Was der Igel sagt, stimmt!", rief der Löwe.
„Die Sonne hilft uns, und wir brauchen sie.

30 Aber denkt nach!
Wenn die Sonne heiratet und Kinder bekommt,
was wird dann geschehen?"
„Dann freuen wir uns für sie!", rief der Igel.
„Dann freuen wir uns", sagte der Löwe und nickte.

35 „Aber – wie lange freuen wir uns? Die Kinder der Sonne werden

größer und größer, und plötzlich haben wir zwei, drei Sonnen am Himmel,
und was geschieht dann? Es wird so heiß werden, dass es uns das Fell
verbrennt, wenn wir den Schatten verlassen! Die Pflanzen und
Gräser werden verbrennen in der Hitze, die Flüsse und Seen

40 werden austrocknen, und wir werden nicht mehr wissen,
wo wir einen Tropfen Wasser finden sollen …"
Die anderen Tiere waren plötzlich ruhig geworden.
Erschrocken hörten sie dem Löwen zu. Daran hatten sie
nicht gedacht. Die Tiere senkten ihre Köpfe. Kein Laut war zu hören.

45 „Du bist klug", sagte der Igel und verbeugte sich vor dem Löwen.
„Ich bin froh, dass du mehr über meinen Vorschlag nachgedacht hast als ich!"
„Ich danke dir", sagte der Löwe. „Auch wenn die Sonne allein bleiben muss,
damit wir leben können, so soll sie doch wissen, dass wir ihre Freunde sind."
Und dann stimmten alle Tiere ein Konzert für die Sonne an,

50 wie es noch nie eines gegeben hatte.
Es dauerte, bis die Sonne am Horizont unterging,
und jedes Tier, das bei der großen
Versammlung dabei gewesen ist,
erzählt seinen Kindern heute noch davon.

Mazedonisches Märchen

....

1 Welchen Vorschlag macht der Igel? Unterstreiche.

2 Welche Bedenken äußert der Löwe? Unterstreiche.

3 Warum stimmen alle Tiere ein Konzert für die Sonne an? Begründe.

Das Eine-Welt-Lied

Kennst du den Platz, wo Kinder in der Sonne spielen
und, wenn es dunkel wird, in ihre Häuser gehn,
sich in der Nacht in ihrem Bett geborgen fühlen
und dann am Morgen ihre Freunde wiedersehn?
Er liegt in deiner Welt,
er liegt in meiner Welt,
wo du auch lebst,
wir leben nur in einer Welt.
Mach deine Augen auf,
mach deine Augen zu,
der Platz ist da,
genau wie ich und du.

Rolf Zuckowski

Ferienkoffer

„Kinder, einsteigen, es wird Zeit!"
Der Wagen steht zur Abfahrt bereit,
bis oben hin ist der Kofferraum voll.
„Du meine Güte", sagt der Vater, „wo soll
denn dieser Riesenkoffer noch hin?"
Er hebt ihn auf. „Da ist ja nichts drin!"
„O doch", sagt das Kurtchen,
„vorsichtig anfassen –
ich hab ihn voll Sonne scheinen lassen,
und wenn es mal regnet,
dann machen wir schnell
den Koffer auf, gleich wird's wieder hell."

Hans Baumann

Das kleine Land Pimpluzie

Das kleinste Land der Erde
liegt hinter Bayrisch-Moos.
Dort sind die größten Leute
wie Nadelköpfe groß.

Sie sind entsetzlich winzig.
Man sieht sie nur bei Licht.
Und tummelt dort ein Kind sich,
entdeckt man's beinah nicht.

Das Land, es heißt Pimpluzie,
die Hauptstadt Pimpernill,
die Königin heißt Lucy,
der König Pittigrill.

Das größte Haus im Lande
ist Pittigrills Palast,
der ragt stolz aus dem Sande,
fünf Millimeter fast.

Einst hat sich eine Mücke
nach Pimpernill verirrt.
Da ging das Schloss in Stücke,
das nun erneuert wird.

Im Garten vor dem Schlosse,
da weiden Kuh und Rind
und sieben schwarze Rosse,
die groß wie Flöhe sind.

Es gab auch Elefanten,
doch die sind nicht mehr dort.
Die Elefanten rannten
vor einer Schnecke fort.

Das ganze kleine Ländchen
samt Berg und Wald und Sumpf
passt in das letzte Endchen
von einem Kinderstrumpf.

Doch denkt euch: In Pimpluzie
glaubt Mann und Frau und Kind,
dass sie auf dieser Erde
die größten Menschen sind.

James Krüss

Wähle einen Text.

Fremdsprachen sollte man können …

Eine kleine und eine große Maus
laufen über die Strandpromenade.
Da biegt eine Katze um die Ecke.
Die große Maus bleibt erschrocken stehen.
5 Die kleine Maus läuft weiter und bellt:
„Wau, wau!"
Da läuft die Katze davon.
Darauf sagt die kleine Maus
zur großen Maus:
10 „Siehste: Fremdsprachen
muss man können!"

Ursula Scheffler

○ Sprachen auf der Welt

Weltweit gibt es über 6500 Sprachen.
Die häufigsten Sprachen auf der Welt sind
Chinesisch, Englisch, Spanisch und Arabisch.
Es gibt auch Länder, in denen mehrere Sprachen gesprochen werden.
5 In der Schweiz zum Beispiel sprechen die Menschen
Deutsch, Französisch, Rätoromanisch und Italienisch.

◓ Sprachen auf der Welt

Weltweit gibt es laut Schätzung von Sprachforschern
über 6500 verschiedene Sprachen.
Die am häufigsten gesprochenen Sprachen auf der Welt sind
Chinesisch, Englisch, Spanisch und Arabisch.
5 Es gibt auch Länder, in denen mehrere
Sprachen gleichzeitig gesprochen werden.
In der Schweiz zum Beispiel sprechen die Menschen je nach Wohnort
Deutsch, Französisch, Rätoromanisch und Italienisch.
Die deutsche Sprache gehört zusammen mit Englisch
10 und etwa 30 weiteren europäischen Sprachen
zur indogermanischen Sprachfamilie.

Sprachen auf der Welt

Weltweit gibt es über 6500 verschiedene Sprachen.
Die am häufigsten gesprochenen Sprachen auf der Welt sind
Chinesisch, Englisch, Spanisch und Arabisch.
Außerdem gibt es auch Länder, in denen
5 mehrere Sprachen gleichzeitig gesprochen werden.
In der Schweiz zum Beispiel sprechen die Menschen je nach Wohnort
Deutsch, Französisch, Rätoromanisch und Italienisch.
Die meisten von den etwa 33 europäischen Sprachen
gehören zur indogermanischen Sprachfamilie:
10 Tschechisch, Russisch und Griechisch
genauso wie Englisch, Französisch und Deutsch.
Auch Latein gehört dazu.
Und deswegen fällt es uns viel leichter,
Englisch zu lernen oder Italienisch als zum Beispiel Japanisch.
15 Denn Japanisch gehört zu einer ganz anderen Familie,
funktioniert nach ganz anderen Regeln
und hat eine komplett andere Schrift.

*Good morning!
Sprichst du auch eine
andere Sprache?*

.... *Aufgaben zu allen Texten* ....

1 Welche Sprachen können die Kinder in deiner Klasse sprechen?

2 „Fremdsprachen sollte man können." Was meinst du dazu?

Wähle einen Text.

Spiele aus aller Welt

○ **Der gordische Knoten von den Philippinen**

Stellt euch in einem Kreis auf und schließt die Augen.
Auf Kommando geht jeder mit ausgestreckten Armen auf die Mitte zu.
Sobald ihr die Hand eines Mitspielers berührt,
müsst ihr versuchen, sie festzuhalten.
5   Erst wenn ihr euch alle an den Händen haltet,
dürft ihr die Augen öffnen.
Jetzt heißt es, die Hände entwirren,
ohne sie loszulassen.
Dabei müsst ihr übereinander steigen,
10 euch drehen und verrenken.

◒ **Das Klatschspiel aus Sierra Leone**

Bildet einen Kreis, einer ist der Spielleiter.
Gemeinsam singt ihr ein Lied, bei dem man gut mitklatschen kann.
Dabei geht der Spielleiter von einem Mitspieler zum nächsten.
Jedem Kind macht er eine andere Haltung vor,
5   z. B. muss sich ein Kind am Kopf fassen
und darf nur mehr auf einem Bein stehen.
So kann es natürlich nicht mitklatschen
und es darf auch nicht mehr singen.
Das Spiel ist aus, sobald das letzte Kind
10 seine Positur eingenommen hat und alle still sind.
Wenn der Spielleiter dann in die Hände klatscht,
dürfen sich alle wieder bewegen
und das Spiel kann von vorne beginnen.

Blinde Kuh auf Chinesisch

Die chinesischen Kinder nennen dieses Spiel
„Mit der Hand fischen".
Dazu grenzen sie als Erstes ein Spielfeld ein.
Dann bestimmen sie ein Kind zum Fischer.
5 Dem Fischer werden die Augen verbunden.
Die anderen spielen die Fische.
Der Fischer streckt seinen Arm aus
und hält dabei seine Handfläche nach unten.
Die Fische necken nun den Fischer, indem sie
10 mit den Zeigefingern von unten gegen seine Hand stupsen.
Der Fischer versucht, einen Zeigefinger zu greifen.
Erwischt er den Fisch, so muss er noch erraten,
wie das Kind heißt.
Rät er richtig, tauscht er mit dem Kind die Augenbinde.
15 Das Spiel läuft aber nur innerhalb der umgrenzten Spielfläche ab,
dem Meer. Kein Fisch darf es verlassen.
Tappt der blinde Fischer darüber hinaus,
rufen ihn die Fische zurück.
Um das Spiel noch spannender zu machen, kann der Fischer sagen:
20 „Das Wasser steigt."
Worauf die Fische nur noch auf Zehenspitzen laufen.
Sagt der Fischer aber: „Das Wasser sinkt",
dann dürfen sich die Fische nur in der Hocke bewegen.

Mathias Mala

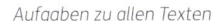

Aufgaben zu allen Texten

 1 Bildet Dreiergruppen. Jeder liest einen der drei Texte.

 2 Was ist das Wichtigste im Text? Unterstreiche. → S. 109

 3 Stellt euch die Spiele gegenseitig vor.

4 Wie kann dein Spiel noch spannender gemacht werden?

Wähle einen Text.

○ # Hurra, ich darf in die Schule

Nicht jedes Kind in Afrika lernt Lesen, Schreiben und Rechnen.
Viele Eltern sind zu arm, um Schulgeld,
Papier, Stifte oder Bücher zu bezahlen.
Einige Eltern müssen ihr Kind zum Arbeiten schicken.
5 In vielen afrikanischen Ländern gibt es aber jetzt
eine Schulpflicht wie bei uns.
Das heißt, die Kinder müssen
mindestens die Grundschule besuchen.

nach Christine Schulze-Reiss

◐ # Hurra, ich darf in die Schule

Nicht jedes afrikanische Kind darf Lesen, Schreiben und Rechnen lernen.
Jedes zweite Kind hat nie Lesen und Schreiben gelernt
oder bricht die Schule vorzeitig ab.
Meistens sind die Eltern zu arm, um Schulgeld, Papier, Stifte oder Bücher
5 zu bezahlen. Auch die Schuluniform ist für viele Familien zu teuer.
Es gibt auch Eltern, die ihr Kind nicht in die Schule schicken können,
sondern es zum Arbeiten und Geldverdienen schicken müssen.
Mittlerweile gibt es aber in vielen der afrikanischen Länder
eine Schulpflicht wie bei uns. Dann müssen die Kinder mindestens
10 die kostenlose Grundschule besuchen.

nach Christine Schulze-Reiss

Hurra, ich darf in die Schule

Es ist keine Selbstverständlichkeit für ein afrikanisches Kind,
Lesen, Schreiben und Rechnen zu lernen.
Vor allem in den Ländern südlich der Wüste Sahara –
und das ist die Mehrzahl der 53 Staaten dieses Kontinents –
5 gehen 45 Millionen Kinder überhaupt nicht zur Schule.
Jedes zweite hat nie Lesen und Schreiben gelernt
oder bricht die Schule vorzeitig ab.
Meistens sind die Eltern einfach zu arm, um Schulgeld zu bezahlen.
Oder die in vielen Ländern vorgeschriebene Schuluniform ist zu teuer.
10 Diese Uniformen sollen eigentlich dafür sorgen,
dass man keinem Kind ansieht, ob seine Eltern arm oder reich sind.
Wer aber noch nicht einmal für die Kleidung das Geld hat,
dem nutzt das gar nichts.
In vielen Familien reicht das Geld nicht einmal,
15 um Stifte, Bücher oder Papier zu kaufen.
Und noch immer gibt es Eltern, die es für unnötig halten,
dass ihre Kinder überhaupt in die Schule gehen.
Sie sollen lieber arbeiten und Geld verdienen.
Mittlerweile gibt es aber in etlichen Ländern Schulpflicht wie bei uns.
20 Das heißt, jedes Kind muss zumindest die Grundschule besuchen,
die dann auch kostenlos ist.

Christine Schulze-Reiss

Hier kannst du weiterlesen!

.... *Aufgaben zu allen Texten* ....

1 Warum können viele afrikanische Kinder nicht in die Schule gehen?
    Unterstreiche.

2 Was wünschst du dir für die afrikanischen Kinder? Begründe.

→ KV 47b **71**

Julies Einschlafbuch

Julie will abends nie ins Bett.

Eines Abends nimmt die Mama sie auf den Schoß und fragt:

„Sag mal, Julie, warum trödelst du eigentlich jeden Abend so herum
und warum bist du abends nicht müde? Gefällt dir etwa dein Bett nicht?

5 Dein kuscheliges, weiches, warmes Bett? Oder magst du etwa dein flauschiges
Kopfkissen nicht? Soll ich dir mal erzählen, wie andere Kinder in anderen
Ländern schlafen? Vielleicht willst du ja dann dein Bett tauschen – wer weiß?"

Julie fragt: „Aber schlafen die nicht alle so wie ich, in einem Bett
mit allem Drum und Dran?" „Na ja", meint die Mama, „vielleicht schon

10 mit allem Drum und Dran, aber nicht so, wie du dir das vorstellst.
Ich mache dir einen Vorschlag. Eine ganze Woche lang erzähle ich dir
jeden Abend um sieben von einem Kind in einem anderen Bett
in einem anderen Land."

Montag

15 „Zuerst erzähle ich dir von Fatima. Ihr Zuhause ist ein großes Zelt mitten
in der sandigen Wüste. Tagsüber ist es dort irrsinnig heiß, aber nachts eisig kalt.
Deshalb brennt nachts in der Mitte des Zeltes ein Feuer und die ganze Familie
schläft in Kamelhaardecken gehüllt auf dem Boden.
Die Wüste ist still. Aber nicht alle schlafen."

20 Julie schläft ein und träumt.

Dienstag

„Heute erzähle ich dir von Shu Hi. Er schläft in einem Haus aus Baumstämmen.
Das steht auf Pfählen mitten im Urwald direkt an einem kleinen Fluss.
Die Familie lebt vom Fischfang. Es ist immer feucht und heiß und bei Nacht

25 schlafen die Kinder aneinandergekuschelt auf einer Strohmatte,
die auf dem Boden liegt. Ist noch jemand wach?"
Julie schläft ein und träumt.

Mittwoch

„Heute erzähle ich dir von Rashin. Er wohnt in der ersten Etage eines großen,

30 weißen Hauses in der Nähe des Marktes. Die Fensterläden sind fast immer
geschlossen, damit der Straßenlärm nicht zu hören ist und die starke Sonne
nicht den ganzen Tag hereinscheint. Tag und Nacht ist es sehr heiß,

→ KV 48 a, 48 b

und nach dem Sommer beginnt nicht der kalte Winter, sondern eine Zeit,
in der es viel regnet. Es gibt furchtbar viele Mücken, die dort Moskitos heißen,
35 und damit sie Rashin nachts im Bett nicht stechen können,
ist ein Netz rundherum gespannt – ein Moskitonetz. Alle schlafen – oder?"
Julie schläft ein und träumt.

Donnerstag

„Heute erzähle ich dir von Xuxa. Sein Zuhause ist ein Iglu mitten in der Eiswüste.
40 Überall ist Eis und Schnee. Selbst das Iglu ist aus Schneeblöcken gebaut,
die nie schmelzen. Im Winter ist es den ganzen Tag über dunkel.
Und im Sommer sinkt die Sonne nie unter den Horizont.
Aber auch dann bleibt es sehr kalt. Deshalb schläft die
Familie nachts in dicke Fellschlafsäcke gepackt in
45 kleinen Nischen auf dem Boden. Übrigens – gewaschen
wird sich mit Schnee. Alle schlafen. Wirklich alle?"
Julie schläft ein und träumt.

Freitag

„Heute erzähle ich dir von Pablo. Er haust mal in einem leeren Fass, mal in einer
50 Tonne, mal in irgendeiner Ecke irgendeiner Straße. Pablo hat nichts.
Seine Freunde haben auch nichts. Keiner kümmert sich um sie
und sie leben vom Abfall der Stadt, vom Abfall
der Restaurants, vom Abfall der anderen. Zum Glück
ist es nie sehr kalt und manchmal findet sich so
55 etwas Ähnliches wie eine Decke. Pablo schläft nie tief.
Er muss immer auf der Hut sein."
Julie schläft nicht und denkt nach.

Doris Wiederhold

1 Von welchen Kindern erzählt die Mutter? Unterstreiche.

2 Wo leben die Kinder, von denen die Mutter erzählt? Unterstreiche.

3 Warum kann Julie am Freitag nicht einschlafen? Begründe.

Unsere Erde, unser Zuhause

Was sind die Elemente der Erde?

Erde, Luft, Wasser und Feuer
sind die Elemente der Erde.
Die Indianer nennen sie so:
Mutter Erde, Vater Himmel,
Schwester Wasser und Bruder Feuer.

Das ist die Erde

Das ist die Erde,
kugelrund und dick,
mit Land und Meer,
mit Berg und Tal,
mit Städten,
Schnee und Wäldern.
So wie sie fliegt
durch Nacht und Tag,
ein Stern wie alle anderen.

Elisabeth Borchers

Wolken

Wer weiß was weiße Wolken waren
Bevor sie durch den Himmel fahren?
Ich lieg im Gras und schaue zu
Zuerst kommt da ein weißes Gnu

Dann dreht es sich und wird ein Bär
Danach ein Schaf und bitte sehr
Das Schaf sieht aus wie Onkel Rolf
Er fliegt vorbei und wird ein Wolf

Schon ist der Wolf ein Kakadu
Ich lieg im Gras und schaue zu
Bevor sie durch den Himmel fahren
Wer weiß was weiße Wolken waren?

Jutta Richter

Wähle einen Text.

○ Unsere Erde

Unsere Erde ist einzigartig.
Hier gibt es genau die richtige Menge
an Licht, Wasser und Wärme.
Auf unserer Erde gibt es Wassermassen.
5 Die nennen wir Weltmeere.
Und es gibt Landmassen.
Die nennen wir Kontinente.
Unser Kontinent heißt Europa.
Unser Staat heißt Deutschland.

nach Carole Stott

◒ Unsere Erde

Unsere Erde ist einzigartig,
weil es hier genau die richtige Menge
an Licht, Wasser und Wärme gibt.
Auf unserer Erde gibt es Wassermassen.
5 Die nennen wir Weltmeere,
z. B. der Atlantische Ozean und der Indische Ozean.
Und es gibt Landmassen.
Die nennen wir Kontinente,
z. B. Afrika, Australien, Asien.
10 Unser Kontinent heißt Europa.
Hier gibt es viele Staaten,
z. B. Frankreich, Italien, Spanien.
Unser Staat heißt Deutschland.

nach Carole Stott

Unsere Erde

Unsere Erde ist einzigartig.
Wasser, Licht und Wärme brauchen wir zum Leben
und genau das hat die Erde für uns.
Wir kennen keinen anderen Planeten, auf dem es flüssiges Wasser gibt.
5 Außerdem hat die Erde genau die richtige Menge an Licht und Wärme.
Deshalb ist die Erde einzigartig!

Auf unserer Erde gibt es Wassermassen, die wir Meere nennen,
und Landmassen, die wir Kontinente nennen.
Die Weltmeere heißen:
10 der Atlantische Ozean, der Indische Ozean, der Pazifische Ozean,
das Arktische Meer, das Amerikanische Meer, das Australasiatische Meer
und das Europäische Mittelmeer.
Die Kontinente heißen:
Antarktis, Nordamerika, Südamerika, Europa, Asien, Afrika, Australien.

15 Wir leben in Europa.
Hier gibt es viele Staaten,
z. B. Italien, Frankreich, Spanien,
Österreich, Griechenland
und noch viele mehr.
20 Unser Staat heißt Deutschland.

nach Carole Stott

> Wir leben in Deutschland.
> Das ist hier.

.... Aufgaben zu allen Texten ....

 1 Was ist das Wichtigste im Text? Unterstreiche. → S. 109

2 Weißt du, wie unsere Hauptstadt heißt?

3 Auf welchem Kontinent würdest du gern leben? Begründe.

4 Wie würde dein Traumland aussehen? Beschreibe.

Wähle einen Text.

○ Ein Stück Regenbogen

„Ein Regenbogen!", ruft Tüftelchen.
Der Vater soll an das Fenster kommen.
Der Regenbogen schillert am Waldrand.
Am liebsten würde das Mädchen ein Stück davon haben.
5 Der Vater will ihr den Regenbogen geben.
Die beiden rennen über den Acker.
Tüftelchen findet den Regenbogen aber nicht.
Da zeigt der Vater auf die roten, weißen, blauen und gelben Blumen.

nach Werner Lindemann

◐ Ein Stück Regenbogen

„Ein Regenbogen!", ruft Tüftelchen und bittet den Vater an das Fenster
zu kommen. Die grauen Gewitterwolken ziehen langsam davon
und der Regenbogen schillert wie eine Girlande.
„Genau am Waldrand fängt er an", sagt das Mädchen zu sich selbst,
5 „wenn ich doch nur ein Stückchen davon haben könnte."
„Kannst du", antwortet der Vater, „aber wir müssen uns beeilen,
sonst ist er weg."
Die beiden rennen über den Acker, bis sie auf der großen Wiese stehen.
Tüftelchen blickt in alle Richtungen, aber sie findet den Regenbogen nicht.
10 „Da", spricht der Vater und zeigt auf die Blumen:
Weiße Margeriten.
Blaue Glockenblumen.
Rote Kleeköpfe.
Gelbe Löwenzahnblüten.

nach Werner Lindemann

Ein Stück Regenbogen

„Ein Regenbogen!", ruft Tüftelchen und bittet den Vater an das Fenster
zu kommen. Der Vater reibt sich den Schlaf aus den Augen und blickt
der grauen Gewitterwolke nach, die langsam über den Wald davonzieht.
Wie eine Girlande um die Wolke gelegt, schillert der mächtige Regenbogen.
5   „Genau am Waldrand fängt er an", sagt das Mädchen wie zu sich selbst.
Und dann sagt es: „Ach, wenn ich doch ein Stückchen haben könnte."
„Kannst du", antwortet der Vater, „aber wir müssen uns beeilen,
sonst ist er weg." Der Vater ist Traktorist.
Er weiß, dass am Waldrand die große, bunte Wiese liegt;
10 er hat dort schon Gras gemäht und das Heu abgefahren.
Die beiden rennen los über den Stoppelacker.
Springen über den Graben.
Kriechen durch eine Schlehdornhecke.
Und dann stehen sie auf der Wiese.
15 Tüftelchen blickt in alle vier Himmelsrichtungen
und fragt bekümmert:
„Wo ist der Regenbogen geblieben?"
„Da", spricht der Vater und zeigt auf die Blumen,
die zwischen den grünen Gräsern blühen:
20 Weiße Margeriten.
Blaue Glockenblumen.
Rote Kleeköpfe.
Gelbe Löwenzahnblüten.

Werner Lindemann

> Wusstest du, dass die Reihen-
> folge der Regenbogenfarben
> immer dieselbe ist?
> Forsche nach.

Aufgaben zu allen Texten

 1 Wo sieht Tüftelchen den Regenbogen? Unterstreiche.

 2 Warum müssen sich Tüftelchen und ihr Vater beeilen? Unterstreiche.

3 Hat Tüftelchen „ein Stück Regenbogen" gefunden? Begründe.

Wähle einen Text.

◯ Planeten

Die Erde ist der Planet, auf dem wir leben.
Sie sieht wie eine Kugel aus. Vor vielen hundert Jahren
dachten die Menschen, die Erde sei eine Scheibe, so wie eine Pizza.
Unsere Erde kann sich bewegen.
5 Sie dreht sich um sich selbst und um die Sonne.
Es gibt noch sieben weitere Planeten. Sie heißen:
Merkur, Venus, Mars, Jupiter, Saturn, Uranus, Neptun.
Damit man sich die Namen der Planeten merken kann,
gibt es einen Merksatz:
10 „Mein Vater erklärt mir jeden Sonntag unseren Nachthimmel."

Stephanie Hinkelmann

◑ Planeten

Die Erde ist der Planet, auf dem wir leben.
Sie sieht fast wie eine Kugel aus. Vor vielen hundert Jahren
dachten die Menschen, die Erde sei eine Scheibe, so wie eine Pizza.
Unsere Erde kann sich bewegen. Einen ganzen Tag braucht sie,
5 um sich einmal um sich selbst zu drehen.
Um einmal um die Sonne zu wandern, braucht sie ein ganzes Jahr.
In unserem Sonnensystem gibt es aber nicht nur die Erde.
Es gibt noch sieben weitere Planeten. Sie heißen:
Merkur, Venus, Mars, Jupiter, Saturn, Uranus, Neptun.
10 Damit man sich die Namen der Planeten merken kann,
gibt es einen Merksatz:
„Mein Vater erklärt mir jeden Sonntag unseren Nachthimmel."
Jeder Anfangsbuchstabe steht für einen Planeten.

Stephanie Hinkelmann

Planeten

Die Erde ist der Planet, auf dem wir leben.
Sie sieht fast wie eine Kugel aus. Vor vielen hundert Jahren
dachten die Menschen, die Erde sei eine Scheibe, so wie eine Pizza.
Unsere Erde kann sich bewegen. Einen ganzen Tag braucht sie,
5 um sich einmal um sich selbst zu drehen. Wenn die Sonne vor uns steht,
ist es Tag. Bei Nacht bescheint sie die andere Seite der „Kugel".
Um einmal um die Sonne zu wandern,
braucht die Erde ein ganzes Jahr.
In unserem Sonnensystem gibt es aber nicht nur die Erde,
10 es gibt noch sieben weitere Planeten. Sie heißen:
Merkur, Venus, Mars, Jupiter, Saturn, Uranus, Neptun.
Diese sind verschieden groß. Der Merkur ist der Sonne am nächsten.
Damit man sich die Namen der Planeten
und die Reihenfolge zur Sonne merken kann, gibt es einen Merksatz:
15 „Mein Vater erklärt mir jeden Sonntag unseren Nachthimmel."
Jeder Anfangsbuchstabe steht für einen Planeten.
Früher galt auch Pluto als Planet.
Aber er ist winzig und kreist ganz anders als alle anderen Planeten
im Sonnensystem, so dass man ihm diesen Status aberkannte.
20 Er ist jetzt ein Zwergplanet.

Stephanie Hinkelmann

········ *Aufgaben zu allen Texten* ···

1 Was ist das Wichtigste im Text? Unterstreiche. → S. 109

2 Wie müsste der Planet aussehen, auf dem du gern wohnen würdest?
Beschreibe.

3 Kannst du einen eigenen Merksatz für die Planeten schreiben?

M _____   V _____   E _____   M _____

J _____   S _____   U _____   N _____.

Die Regentropfen Pling Plang Plung

In einer weißen Wolke flogen die drei Regentropfen,
die hießen Pling, Plang, Plung. Sie segelten am Himmel dahin
und ließen sich vom Wind über die Felder und Wiesen treiben.
Von dieser Höhe sah die Erde wie ein bunter Flickenteppich aus.

5   Ein kleiner See am Rande eines Dorfes gefiel den drei Tropfen besonders gut,
und sie bekamen Lust, in dem klaren Wasser zu baden.
Schnell sprangen sie aus ihrer Wolke hinab in die Tiefe,
mitten in den See hinein. Die Gänse schnappten nach den Wasserkringeln,
aber Pling, Plang und Plung waren längst wieder

10 aus dem Wasser herausgehüpft und lagen schimmernd im Gras.
Da hob die Sonne sie wieder auf und trug sie zurück in die Wolken.
Aber als die Sonne unterging,
waren Pling, Plang und Plung schon wieder auf Entdeckungsreise.
Sie sahen einen Garten, der mit bunten Lampions geschmückt war.

15 Dort gibt es ein Fest, riefen sie, da müssen wir hin.
Kaum hatte das Fest begonnen, da prasselte ein Regenschauer in den Garten.
Denn Pling, Plang und Plung hatten ihre sämtlichen Regentropfen-Freunde
mitgebracht. Die Leute wurden nass und flüchteten ins Haus.
Die Lampions erloschen, und das schöne Fest war aus.

20 Das hatten Pling, Plang und Plung nicht gewollt.
Betrübt verkrochen sie sich im nassen Gras.
Sie sickerten durch den Erdboden bis ins Grundwasser hinunter.
Von dort wurden sie in lange Rohre gesaugt
und in schneller Fahrt durch dunkle Gänge getrieben.

Jonathan

Cassandra

Malin

25 Nichts konnten sie sehen, weder nach rechts noch nach links hüpfen.
Es wurde ihnen angst und bang, und sie hatten nur noch den Wunsch,
wieder draußen zu sein. Plötzlich ging es steil hinauf und um eine
Kurve. Dann wurde es für einen Augenblick taghell und gleich darauf
wieder stockfinster: Sie waren im Kessel einer Dampflokomotive gelandet.

30 In der Lokomotive war es entsetzlich heiß. Pling, Plang und Plung fühlten,
wie sie sich schnell auflösten und stießen sich gegenseitig schnell vorwärts,
bis sie endlich durch die Schornsteine ins Freie gepufft wurden.
Da hob die Sonne sie wieder auf und trug sie zurück in die Wolken hinauf.
Und weil sie sich endlich wieder frei bewegen konnten, wurden die drei Tropfen
35 übermütig und überlegten, was sie nun anstellen könnten.
Was aber war mit ihrer weißen Wolke los? Es wurde auf einmal so kalt darin.
Sie zitterten und froren, und schließlich erstarrten sie zu Schnee.
Diese Verwandlung gefiel ihnen sehr.
Als dicke Schneeflocken schwebten sie
40 leicht und langsam zur Erde hinab.
Lange Zeit blieben sie diesmal unten –
bis es im Frühjahr zu tauen begann.
Da hob die Sonne sie wieder auf
und trug sie zurück in den Himmel hinauf.
45 Und so fliegen sie nun wieder
in einer weißen Wolke als
die drei Regentropfen.
Weißt du, wie die Geschichte weitergeht?

Angela Hopf

....

1 Wie hießen die Regentropfen? Unterstreiche.

2 Was trieb die Regentropfen übers Feld? Unterstreiche.

3 Warum wurde das Fest so schnell beendet? Unterstreiche.

4 Wer trug die Regentropfen in die Wolken hinauf? Unterstreiche.

5 Wo war es entsetzlich heiß? Unterstreiche.

Bücherwurm und Computermaus

Bücherwurm und Computermaus

„Hallo, Bücherwurm!"

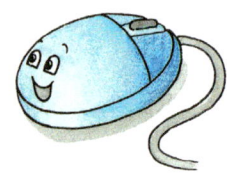

„Hallo, Computermaus!
Sag, nimmst du auch
vor der Katze Reißaus?"

„Nein, vor ihr brauche ich keine Angst zu haben,
an mir kann sie sich wirklich nicht laben.
Sie beißt sich an mir nur ihre Zähne aus,
denn ich bin ja eine COMPUTERMAUS."

Corina Butz

Schwer verdaulich

Der Bücherwurm wohnt im Bücherregal.
Bücher sind seine Lieblingsspeise.
Manchmal knabbert er an einem Liederbuch.
Dann wird er vergnügt und singt und lacht.
Manchmal erwischt er ein kluges Buch.
Dann wird er ganz still
und denkt lange über das Leben nach.
Einmal frisst er von den Gruselgeschichten.
Er kann nicht einschlafen.
Er horcht auf das Knicken und Knacken im Regal
und fürchtet sich.
„Dieses Buch ist wirklich
schwer verdaulich!", sagt er.

Frauke Nahrgang

Gedichte sind Briefe

Gedichte sind Briefe
verschlossen
an dich
doch wenn du sie liest
öffnen sie sich

Walther Petri

Die Dinge reden

„Ich reime mich auf Zuckerbäcker",
sagt der alte Rasselwecker.
„Ich reime mich auf Nasenflügel",
sagt der linke Brillenbügel.
Es brummelt stolz die Tiefkühltruhe:
„Ich reime mich auf Stöckelschuhe."
Und die Standuhr sagt:
„Merkt ihr es nicht?
Wir sind ein Gedicht!"

Georg Bydlinski

85

Wähle einen Text.

Ein Besuch in der Bibliothek

○ **Valentina:**

Heute bin ich mit meiner Klasse in der Bibliothek.
Frau Staufen, die Bibliothekarin, erklärt uns,
wie man ein bestimmtes Buch suchen kann.
Meine Freundin Steffi und ich mögen Pferde.
5 Olly und Yannick möchten unbedingt etwas über Fußball lesen,
Luca mag Familiengeschichten.
Frau Staufen erklärt uns noch,
wie man Bücher mit einem Leseausweis ausleihen kann.
Ich will morgen wieder in die Bibliothek gehen.
10 Und meinen Bruder Noah nehme ich gleich mit.

Susanne Wolff

◐ **Philipp:**

Meine Klasse und ich sind heute in der Kinderbibliothek
im Nachbarort zu Besuch. Frau Staufen, die Bibliothekarin, erklärt uns,
was man alles in einer Bibliothek finden kann
5 und wie man nach bestimmten Büchern sucht.
Marco möchte ein Liederbuch, Klaus sucht nach Reiseabenteuern.
Meine Freundin Susi mag Familiengeschichten und Bücher über Freundschaft.
Matthias interessiert sich für Sachbücher und Lexika
und Dora mag vor allem Blumen und Kräuter.
10 Es gibt auch noch Bücher zu den Themen Haustiere, Abenteuer,
Schule, Ferien, Sport, Natur und Basteln.
Frau Staufen erklärt uns zum Abschluss noch,
wie man Bücher mit einem Leseausweis ausleihen kann.

Susanne Wolff

Susi:

Ich besuche heute zusammen mit meiner Klasse
die Kinderbibliothek. Ich freue mich schon die ganze Woche darauf,
weil ich sehr gerne und viel lese. Am liebsten Familiengeschichten
und Bücher über Freundschaft. Frau Staufen, die Bibliothekarin, erzählt uns,
5 was man in der Bibliothek alles finden kann
und wie man ein bestimmtes Buch sucht. Ulrike möchte
ein Märchenbuch zum Vorlesen, Peter interessiert sich für
Fußball und Technik. Mein Freund Philipp mag Musik und
Katzen, Laura interessiert sich für Ballett und Pferde.
10 Alle Bücher sind nach dem Lesealter in verschiedene
Regale eingeordnet. Dort stehen alle nebeneinander:
Tierbücher, Rätsel, Witze, Comics, Gedichte, Lexika,
Märchen und auch die Familiengeschichten und Bücher
über Freundschaft, auf die ich so gespannt bin.
15 Helmut sucht ein Buch über Pflanzen und Tiere in der
Natur. Frau Staufen erklärt ihm, dass man außer einem
Buch auch eine CD oder eine DVD ausleihen kann.
Das wusste ich nicht! Vielleicht gibt es auch eine DVD zu einem meiner
Lieblingsbücher? Zum Abschluss erklärt Frau Staufen uns noch, wie wir einen
20 Benutzerausweis bekommen, um die Bücher auch mit nach Hause nehmen
zu dürfen.

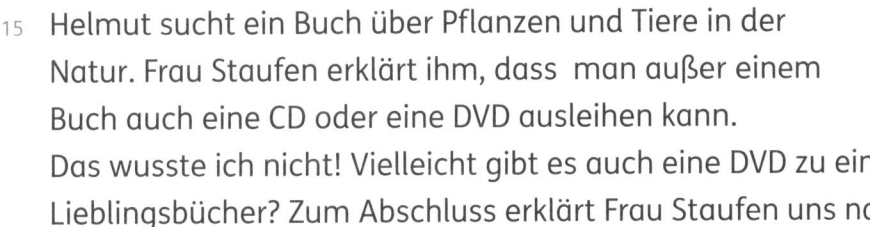

nach Corina Butz

.... *Aufgaben zu allen Texten* ....

 1 Bildet Dreiergruppen. Jeder liest einen der drei Texte.

2 Welche Bücher mögen die Kinder?

3 Was brauchst du, wenn du etwas in einer Bibliothek ausleihen möchtest?

4 Welche Bücher leihen die 15 Kinder der Klasse in der Bibliothek aus?
Schreibt sie in eine Tabelle.

5 Welche Regeln solltet ihr in einer Bibliothek beachten?
Tauscht euch aus.

Wähle einen Text.

○ Meine ganz besonderen Haustiere

Heute sollten wir einen Aufsatz schreiben.
Als ich das Thema „Meine Haustiere" an der Tafel las,
meldete ich mich sofort.
Frau Koch rief mich auf.
5 Ich sagte, dass wir zu Hause gar keine Tiere haben.
Meine Oma, die bei uns wohnt, bekommt sonst Schnupfen.
Frau Koch sagte mir: „Heute darfst du
über ganz besondere Haustiere schreiben, liebe Katharina.
Nämlich über den Bücherwurm und die Computermaus.
10 Da lächelte ich und begann zu schreiben.

Susanne Wolff

◒ Meine ganz besonderen Haustiere

Heute im Deutschunterricht sollten wir einen Aufsatz schreiben.
Frau Koch schrieb das Thema „Mein Haustier" an die Tafel.
Als ich das las, meldete ich mich sofort erschrocken
und sagte zu ihr:
5 „Was soll ich denn nur schreiben?
Wir haben doch gar keine Tiere zu Hause.
Meine Oma wohnt bei uns.
Sie bekommt immer Schnupfen von Tieren in ihrer Nähe."
Da antwortete mir Frau Koch:
10 „Heute hast du großes Glück, liebe Katharina.
Denn die Tiere, über die du heute
in deinem Aufsatz schreiben darfst,
sind ganz besondere Haustiere.
Sie heißen Bücherwurm
15 und Computermaus."
Da lächelte ich
und begann zu schreiben.

Susanne Wolff

Meine ganz besonderen Haustiere

Heute hatten wir nach der großen Pause eine Doppelstunde
Deutsch bei Frau Koch. Ich war ziemlich aufgeregt, denn wir sollten
zum ersten Mal in diesem Schuljahr einen Aufsatz schreiben. Als Frau Koch
ins Klassenzimmer kam, sagte sie uns kurz „Guten Morgen!" und ging dann
5 direkt an die Tafel, um das Thema „Mein Haustier" anzuschreiben. Als ich das las,
bekam ich einen riesigen Schreck. Ich meldete mich sofort erschrocken
und Frau Koch rief mich auf. Weinerlich sagte ich: „Was soll ich denn nur
schreiben? Wir haben doch gar keine Tiere zu Hause. Meine Oma wohnt bei uns.
Sie bekommt immer Schnupfen von Tieren in ihrer Nähe."
10 Da antwortete mir Frau Koch: „Heute hast du großes Glück,
liebe Katharina. Denn die Tiere, über die du heute
in deinem Aufsatz schreiben darfst,
sind ganz besondere Haustiere.
Sie heißen Bücherwurm
15 und Computermaus."
Ich dachte kurz darüber nach.
Dann lächelte ich und begann
eifrig zu schreiben.

Susanne Wolff

Ich glaub', ich hab
einen Ohrwurm.

········ *Aufgaben zu allen Texten* ···

1 Was ist das Besondere an Katharinas Haustieren?

2 Kennst du noch weitere Tiere dieser Art?

3 Schreibe den Aufsatz für Katharina.

4 Wahr oder falsch? Kreuze an.

	wahr	falsch
Die Lehrerin heißt Frau Braun.	☐	☐
Katharina schreibt heute eine Mathearbeit.	☐	☐
Katharinas Oma bekommt Schnupfen von Tieren in ihrer Nähe.	☐	☐
Katharina soll einen Aufsatz zur Büchermaus schreiben.	☐	☐

Wähle einen Text.

○ Ein Buch für Bruno

Bruno Würfel kam jeden Tag am Haus der Familie Herz vorbei.
Ulla mochte ihn. Als Bruno zum ersten Mal da war,
zeigte Ulla ihm ihre Kinderbücher. Er fand sie langweilig.
Ulla musste sich etwas einfallen lassen.
5 Als Bruno in der nächsten Woche vorbeikam,
zeigte sie ihm ein Pflaster auf ihrem Knie.
Sie berichtete ihm von einem Schlangenbiss.
Bruno fragte: „Hier in der Wohnung?"
Ulla sagte: „Ja, aber sie kam aus dem Buch …
10 Da oben, aus dem blauen.
Es ist ein Zauberbuch.
Alles da drin kann lebendig werden."
„Glaub ich nicht", sagte Bruno. „Zeig!"

nach Nikolaus Heidelbach

◒ Ein Buch für Bruno

Bruno Würfel kam jeden Tag am Haus der Familie Herz vorbei.
Dort wohnte Ulla und wartete immer auf seinen Besuch.
Aber Bruno konnte Ulla nicht besonders gut leiden.
Als Bruno zum ersten Mal da war, zeigte sie ihm ihre Kinderbücher.
5 Sie hoffte, dass sie ihm gefallen würden und er ein bisschen länger bei ihr
bleiben würde. Bruno fand die Bücher aber langweilig.
Er hatte nur ein bisschen darin geblättert und sie dann zur Seite gelegt.
Ulla beschloss, es beim nächsten Mal schlauer anzugehen
und ihn neugierig zu machen. Sie zeigte ihm Bilder in den Büchern,
10 vor denen sie sich fürchtete. Aber Bruno fürchtete sich nicht.
Als er dann nach langer Zeit endlich wieder einmal zu Besuch kam,
um ihr seine Geburtstagsgeschenke vorzuführen, hatte Ulla eine Idee.
Sie zeigte ihm ein Pflaster auf ihrem Knie und berichtete ihm
von einem Schlangenbiss. Bruno fragte: „Hier in der Wohnung?"
15 Ulla sagte: „Ja, aber sie kam aus dem Buch … Da oben, aus dem blauen.
Ich glaube, es ist ein Zauberbuch. Alles da drin kann lebendig werden."
„Glaub ich nicht", sagte Bruno. „Zeig!"

nach Nikolaus Heidelbach

90

Ein Buch für Bruno

Bruno Würfel kam jeden Tag am Haus der Familie Herz vorbei.
Er hatte für Ulla nicht besonders viel übrig. Sie konnte ihn gut leiden
und hätte sehr gerne gehabt, dass er länger geblieben wäre.
Deshalb versuchte sie es eines Tages mit dem Buch.

5 Nicht sofort. Zuerst hatte sie ihm ihre eigenen Bücher gezeigt.
Aber Bruno hatte nur ein wenig geblättert und sie dann liegen lassen.
„Ph, Kinderbücher", hatte er gesagt, und schon war er draußen gewesen.
Beim nächsten Mal hatte sie es schlauer anfangen wollen
und gesagt: „Also, ich darf an jedes Buch dran, das hier steht."

10 „Na und?", hatte er gesagt. „Auch an die gefährlichsten!"
„Und was soll an den Büchern hier gefährlich sein?", hatte er gefragt.
Da hatte sie das große Buch aus dem Regal gezogen und ihm
die Bilder gezeigt, vor denen sie sich fürchtete. Aber Bruno hatte sich nicht
gefürchtet. „Langweilig", hatte er gesagt und war wieder draußen gewesen.

15 Diesmal musste Ulla lange warten, bis Bruno wieder vorbeikam.
Er hatte anscheinend Geburtstag gehabt, und fast alles an ihm war neu:
Hose, Pullover, Schuhe und dazu noch ein Rollbrett. „Schön", sagte Ulla.
Bruno fuhr im Zimmer auf und ab, damit sie alles gut sehen konnte,
dann steuerte er zur Tür. Aber Ulla stellte sich vor ihm hin,

20 dass er das Pflaster einfach sehen musste. Und er sah tatsächlich hin!
„Schlangenbiss", sagte sie und wartete. „Hier in der Wohnung?", sagte Bruno
und stieg vom Brett. „Ja, aber sie kam aus dem Buch …", sagte Ulla.
„Aus welchem denn?", fragte Bruno. Da holte Ulla tief Luft: „Da oben, das blaue.
Ich glaube, es ist ein Zauberbuch. Alles da drin kann lebendig werden,

25 nicht nur die Schlange. Man muss es sehr vorsichtig lesen …"
„Glaub ich nicht", sagte Bruno. „Zeig!"

Nikolaus Heidelbach

········ *Aufgaben zu allen Texten* ···

1 Was ist das Wichtigste im Text? Unterstreiche. → S. 109

2 Erzähle die Geschichte mit deinen eigenen Worten. → S. 110

3 Wie versucht Ulla, Bruno für Bücher zu interessieren?

Wähle einen Text.

Wege der Kommunikation

○ **Telefon**

Im Jahr 1861 erfand Johann Philipp Reis das Telefon.

Mit dem Telefon können Menschen

immer und überall auf der Welt miteinander sprechen.

Später wurde das Handy erfunden.

5 Heute telefonieren in Deutschland

61 Millionen Menschen über das Handy.

Susanne Wolff

◑ **E-Mail**

In den letzten Jahrzehnten haben sich die Computer sehr schnell entwickelt.

Heute hat fast jeder in Deutschland einen eigenen Computer oder einen Laptop.

Am 3. August 1984 um 10:14 Uhr wurde in der Stadt Karlsruhe

in Deutschland die erste E-Mail empfangen.

5 E-Mail bedeutet elektronische Nachricht.

Sie kann von Computer zu Computer geschickt werden.

Dazu brauchen Sender und Empfänger eine E-Mail-Adresse,

fast wie bei einem Brief.

Zu Beginn dauerte es noch fast einen ganzen Tag,

10 bis die Nachricht vom Absender beim Empfänger angelangte.

Heute ist es per E-Mail innerhalb von Sekunden möglich,

Texte, Bilder, Filme und vieles mehr überallhin auf der Welt zu verschicken.

Susanne Wolff

→ KV 61 a, 61 b

Briefe

Ein Brief ist eine Nachricht, die man auf Papier schreibt
und an einen anderen Menschen verschickt.
Man kann so ziemlich jedem Menschen einen Brief schreiben,
sogar der Bundeskanzlerin oder dem Papst.
5 Briefe verschickte man früher mit der Postkutsche.
Heutzutage werden sie von der Post mit Lastwagen,
Autos oder mit dem Flugzeug zum Empfänger gebracht.
Die Post sorgt dafür, dass die Briefe sicher ankommen.
Damit man Briefe auch überall verschicken kann,
10 hat die Post in allen Dörfern und Städten gelbe Briefkästen aufgestellt.
Den Brief an sich gibt es schon sehr lange.
Sogar als das Papier noch nicht erfunden war,
schickten sich die Menschen bereits Briefe.
Die Babylonier zum Beispiel schrieben ihre Briefe auf Tontafeln
15 und die alten Griechen und Römer ritzten ihre Briefe auf Holzplatten,
die mit Wachs beschichtet waren.
Der Brief war früher nicht nur dazu da, private Nachrichten zu senden,
sondern auch um Gedanken und Meinungen unter den Menschen zu verbreiten.

Annika Uppendahl

········ *Aufgaben zu allen Texten* ···

 1 Bildet Dreiergruppen. Jeder liest einen der drei Texte.

2 Was ist das Wichtigste im Text? Unterstreiche. → S. 109

3 Tauscht die Informationen untereinander aus.

4 Lest den Textabschnitt unten und diskutiert.

Die neuen Wege der Kommunikation haben viele Vorteile:
Man erreicht schnell eine andere Person, man spart Briefmarken, man kann
immer in Kontakt sein, auch wenn man ganz weit voneinander entfernt ist …
Aber es gibt auch Nachteile:
5 Das Klingeln von Handys ist fast immer und überall zu hören, man ist rund um
die Uhr erreichbar und man schreibt nur noch viel zu selten Briefe.

Haustelefon

Einmal sagte der kleine Tiger:
„Aber wenn du im Wohnzimmer bist,
ist es mir in der Küche auch so einsam, Bär."
Da legten sie einen Gartenschlauch von hier nach dort. – Haustelefon.

5   „Hören Sie mich, hallo, hören Sie mich, wer spricht dort?"
„Hier spricht der Herr Bär, ich verstehe Sie deutlich."
„Wir könnten doch", sagte der kleine Tiger,
„auch ein Telefon durch den Fluss legen,
dann brauche ich nicht immer so schwer zu schreiben."
10 Und das taten sie auch.
Unterwasserkabel.

„Und wenn wir so ein Telefon
unter der Erde hätten", sagte der
kleine Tiger, „könnten wir durch
15 den ganzen Wald bis zu unserer
Tante Gans telefonieren."
Da gruben die Maulwürfe
ein unterirdisches Kabel-Telefon-
Unterhaltungsnetz.
20 Von hier nach dort und von dort nach da, kreuz und quer.

„Hallo Tante Gans, hier spricht dein kleiner Tiger.
Kannst du mich hören, Tante Gans?
Ja, ich bin hier, der Ti-ger mit dem kleinen Tigerschwänzchen hinten,
dein Neffe."
25 „Und ich bin der Bär", rief der Bär,
„sag, ich bin auch hier, Tiger!"

Der Elefant telefonierte mit der Zentrale.
„Hier Zentrale. Hier Zentrale. Nach Afrika?
Nein, leider keine Verbindung nach Afrika möglich. Ende."
30 „Nicht so schlimm", sagte der Elefant,
„dann schreib ich per Luftpost."

94   → KV 59, 62 a, 62 b

Und jetzt konnte hier jeder im Wald und am Fluss
an jeden einen Brief schreiben
und wenn er wollte, mit seiner Freundin in der Ferne reden.

35 War das nicht fabelhaft?
„O Bär", sagte der Tiger, „ist das Leben nicht unheimlich schön, sag!"
„Ja", sagte der kleine Bär, „ganz unheimlich und schön."

Und da hatten sie verdammt ziemlich Recht.

Janosch

Hier kannst du weiterlesen!

1 Wie und warum erfinden der Bär und der Tiger das Haustelefon?
Unterstreiche.

2 Mit wem telefoniert der kleine Tiger? Unterstreiche.

3 Wahr oder falsch? Kreuze an.

	wahr	falsch
Die Maulwürfe graben ein unterirdisches Kabel-Telefon-Unterwassernetz.	☐	☐
Der kleine Tiger telefoniert mit Tante Gans.	☐	☐
Eine Verbindung mit Afrika ist möglich.	☐	☐

→ KV 59

Durch das Jahr

Der Frühling

Der Frühling kommt oft unverhofft
in unseren kleinen Garten.
Hat gar nicht an die Tür geklopft,
weiß, dass wir auf ihn warten.

Janosch

Der Sommer

Im Sommer brauch' ich kein Jackett,
es kann mir nimmer kalt sein.
Der kühle Fluss, das ist mein Bett.
Der Sommer soll doch bald sein.

Janosch

Der Herbst

Der Herbst, der geht durch Wald und Flur
mit Stiefeln, Schal und Mütze.
Sieht in der Luft die Vögel nur
und tritt in jede Pfütze.

Janosch

Der Winter

Der Winter ist ein kalter Mann,
und viele Leute frieren.
Der Bär hat warme Strümpfe an.
Da kann man gratulieren.

Janosch

Zwölf Monate hat das Jahr

Im Januar bläst der Wind so kalt,
im Februar das Jagdhorn schallt.
Im Märzen lasst uns Körner legen,
April neckt uns mit Sonnenregen.
Der Mai bringt uns den Vogelsang,
Juni, der macht die Tage lang.
Der Juli sieht die Ähren schwer,
August mäht alle Felder leer.
Septemberäpfel – schwer und rund,
Oktober färbt die Blätter bunt,
November reißt sie von den Bäumen.
Dezember naht mit Weihnachtsträumen.
So rundet sich das volle Jahr,
das Ende zeigt, ob gut es war.

Hannes Hüttner

Die Blätter an meinem Kalender

Die Blätter an meinem Kalender,
Die sind im Frühling klein
Und kriegen goldene Ränder
Vom Märzensonnenschein.
Im Sommer sind sie grüner,
Im Sommer sind sie fest,
Die braunen Haselhühner
Erbaun sich drin ihr Nest.
Im Herbst ist Wolkenwetter
Und Sonnenschein wird knapp,
Da falln die Kalenderblätter,
Bums, ab.
Im Winter, wenn die Zeiten hart,
Hat es sich auskalendert.
Ich sitze vor der Wand und wart,
Dass sich das Wetter ändert.

Peter Hacks

Wähle einen Text.

○ Drachensteigen

Im Herbst lassen die Kinder ihre Drachen steigen.
Jörg hat auch einen Drachen. Er sieht nicht so gut aus.
Aber er steigt höher als alle anderen!
Den ganzen Tag spielen sie. Am Abend wollen sie nach Hause.
5 Aber Jörg steht mit leeren Händen da.
„Wo ist dein Drachen?", fragen die anderen.
„Ich habe ihn frei gelassen", sagt Jörg.
„Du bist dumm", lachen die Kinder. Aber Jörg geht fröhlich heim.

nach Gina Ruck-Pauquèt

◕ Drachensteigen

Im Herbst treffen sich die Kinder auf den Wiesen.
„Wir lassen Drachen steigen!", rufen sie
und der Wind trägt die bunten Papierdrachen hinauf.
„Heute habe ich auch einen Drachen", sagt der kleine Jörg.
5 Der Drachen sieht etwas zerknittert aus.
Und dann gibt es eine Überraschung:
Jörgs Drachen steigt höher als alle anderen!
„Hurra!", schreit Jörg. „Mein Drachen ist der König!"
Den ganzen Nachmittag rennen die Kinder über die Wiesen.
10 Am Abend wollen sie nach Hause gehen.
Sie wickeln die Drachenschnur auf.
Aber Jörg steht mit leeren Händen da.
„Wo ist dein Drachen?", wollen die anderen wissen.
„Ich habe ihn frei gelassen", sagt Jörg.
15 „Du bist dumm", lachen die Kinder.
Aber Jörg steckt die Hände
in die Hosentaschen
und geht fröhlich heim.

nach Gina Ruck-Pauquèt

Drachensteigen

Wenn der Herbst die Blätter golden färbt,
treffen sich die Kinder auf den Wiesen. „Wir lassen Drachen steigen!",
rufen sie. Sie spulen die Schnur ab, und der Wind trägt die bunten
Papiergesellen hinauf. „Diesmal habe ich auch einen Drachen",
5 sagt der kleine Jörg. „Na ja", meinen die anderen.
Der Drachen sieht ein bisschen zerknittert aus.
Aber dafür hat ihm Klaus ein freundliches Gesicht aufgemalt.
Und dann gibt es eine Überraschung: Jörgs Drachen steigt höher als alle anderen!
„Hurra!", schreit Jörg. „Mein Drachen ist der König!"
10 Den ganzen Nachmittag rennen die Kinder über die Wiesen.
Als es dämmrig wird, sind sie müde.
„Wir wollen nach Hause gehen", sagen sie,
und sie wickeln die Drachenschnur auf.
Aber Jörg steht mit leeren Händen da.
15 „Wo ist dein Drachen?", wollen die anderen wissen.
„Ich habe ihn frei gelassen", sagt Jörg.
„Er wollte hinauf zum Abendstern."
„Du bist dumm", lachen die Kinder,
und sie laufen nach Hause.
20 Der kleine Jörg aber steckt die Hände
in die Hosentaschen
und geht fröhlich heim.

Gina Ruck-Pauquèt

.... *Aufgaben zu allen Texten* ....

1 Was ist das Wichtigste im Text? Unterstreiche. → S. 109

2 Erzähle die Geschichte mit deinen eigenen Worten. → S. 110

3 Warum sagen die Kinder zu Jörg: „Du bist dumm!"?

4 Jörg ist trotzdem fröhlich. Kannst du dir vorstellen, weshalb?

5 Würdest du deinen Drachen freilassen, wenn er so toll fliegt? Begründe.

→ KV 67 b

Wähle einen Text.

○ Das Gewicht der Schneeflocke

Der Wolf, der Fuchs, der Bär und der Hase
gerieten in Streit,
ob eine Schneeflocke etwas wiegt oder nicht.
Der Hase meinte: „Ja!"
5 Der Bär und der Wolf fanden das dumm.
Also zählten sie Schneeflocken,
die auf einen Ast fielen.
Eins … zwei … drei … vier … fünf … sechs … sieben …
Bei über zweitausend
10 brach der dicke Ast ab.
„Der Hase hat Recht", knurrte der Wolf
und auch der Bär wunderte sich sehr.

nach Fredrik Vahle

◕ Das Gewicht der Schneeflocke

„Es schneit", sagte der Wolf.
„Aber auf meinem Pelz spüre ich gar keine Schneeflocke",
sagte der Fuchs.
„Man spürt sie nicht. Doch sie haben ein Gewicht!",
5 sagte der Hase nachdenklich.
„Eine Schneeflocke wiegt weniger als nichts", knurrte der Wolf.
„Und sie hat keine Kraft", brummte der Bär.
„Wir wollen die Schneeflocken zählen,
die da auf den alten, dicken Ast fallen", sagte der Hase.
10 „Da wird man ja sehen, ob eine Schneeflocke Gewicht hat."
Der Bär und der Wolf lachten laut.
Aber weil sie gerade nichts Besseres zu tun hatten,
zählten sie mit: Eins … zwei … drei … vier … fünf … sechs … sieben …
Als sie bei zweitausendachthundertsiebenundsechzig angekommen waren,
15 sagte es plötzlich „Krach" und der dicke, mächtige Ast brach ab.
„Der Hase hat Recht", knurrte der Wolf
und sogar der Bär wunderte sich über die Kraft der Schneeflocken.

nach Fredrik Vahle

100

Das Gewicht der Schneeflocke

„Es schneit", sagte der Wolf.

„Was du nicht sagst, Gevatter", brummte der Bär.

„Mehr als tausend Schneeflocken", sagte der Fuchs,

„aber auf meinem Pelz spüre ich sie überhaupt nicht!"

5 „Sie schmelzen auf meiner Hasennase", sagte der Hase,

und dann fügte er noch nachdenklich hinzu:

„Man spürt sie nicht. Doch sie haben ein Gewicht!"

„Eine Schneeflocke wiegt weniger als nichts",

knurrte der Wolf.

10 „Und sie hat keine Kraft", brummte der Bär.

„Aber sie wiegt doch etwas, und sie hat auch Kraft",

sagte der Hase.

Die Tiere gerieten in Streit,

ob eine Schneeflocke etwas wiegt oder nicht.

15 „Wir wollen die Schneeflocken zählen,

die da auf den alten, dicken Ast fallen", sagte der Hase.

„Da wird man ja sehen, ob eine Schneeflocke Gewicht hat."

Der Bär und der Wolf lachten so laut,

dass es durch den ganzen Wald schallte.

20 Aber weil sie gerade nichts Besseres zu tun hatten,

zählten sie mit: Eins … zwei … drei … vier … fünf … sechs … sieben …

Als sie bei zweitausendachthundertsiebenundsechzig angekommen waren,

sagte es plötzlich „Krach" und der dicke, mächtige Ast brach ab.

„Der Hase hat Recht", knurrte der Wolf

25 und sogar der Bär wunderte sich über die Kraft der Schneeflocken.

Fredrik Vahle

> *Gevatter ist übrigens ein altes Wort für Taufpate.*

.... *Aufgaben zu allen Texten* ....

 **1** Worüber streiten sich die Tiere? Unterstreiche.

 2 Wie wollen die Tiere herausfinden, wer Recht hat? Unterstreiche.

 3 Warum hat eine Schneeflocke Gewicht und auch Kraft? Begründe.

Wähle einen Text.

○ Wie der April den März besuchte

Einmal lud der März den April ein.
Aber der April wusste nicht, wie er hinkommen sollte:
mit dem Wagen, dem Schlitten oder dem Boot.
Der Mai sagte: „Nimm alle drei mit,
5 dann kannst du bei jedem Wetter fahren."
Das tat der April.
Er fuhr durch Wärme, Schnee und Tauwetter.
Als er ankam, wunderte sich der März,
dass der April es bis zu ihm geschafft hatte.
10 Er wurde wütend auf den Mai,
weil er dem April alles verraten hatte.
Seitdem sorgt der März manchmal für frostige Nächte im Mai.
Aber der April kommt jetzt mit jedem Wetter zurecht.

nach einem Volksmärchen

◕ Wie der April den März besuchte

Vor langer Zeit lud der März den April zu sich ein.
Mit dem Wagen kam der April dort aber nicht an, weil der März Schnee schickte.
Im nächsten Jahr versuchte es der April mit seinem Schlitten.
Aber der März ließ es so warm werden, dass er wieder nicht ankam.
5 Der April traf den Mai und erzählte ihm davon. Der sagte:
„Nimm für jedes Wetter etwas mit: Wagen, Schlitten und Boot!"
Im nächsten Jahr machte der April, was ihm der Mai geraten hatte.
Der März schickte warmes Wetter. Da packte der April den Schlitten
und das Boot auf den Wagen und fuhr weiter. Kurz darauf fror und schneite es.
10 Aber der April lud alles auf den Schlitten und fuhr weiter.
Zuletzt kam das Tauwetter und überall war Wasser.
Da packte der April alles ins Boot und kam so zum März.
Der wunderte sich, weil er den April hatte ärgern wollen, und fragte:
„Wer hat dir gesagt, was man tun muss, um zu mir zu kommen?"
15 „Das war der Mai", antwortete der April. Da wurde der März sehr wütend.
Seitdem sorgt der März manchmal für frostige Nächte im Mai.
Der April aber ist jetzt auf jedes Wetter eingestellt.

nach einem Volksmärchen

Wie der April den März besuchte

Lange ist's her, da lud der März den April zu sich ein.
Der fuhr mit seinem Wagen los, musste aber umkehren,
weil der März Schnee und Frost schickte.
Im nächsten Jahr versuchte es der April mit seinem Schlitten.
5 Aber der März ließ es so warm werden, dass der April nicht vorwärts kam.
Unterwegs begegnete er dem Mai. Dem klagte er seine Not.
„Zweimal wollte ich schon den März besuchen; aber weder mit dem Wagen
noch mit dem Schlitten erreiche ich ihn. Fahre ich mit dem Wagen, wird's Winter;
nehme ich den Schlitten, dann taut es!" Da sagte der Mai:
10 „Ich rate dir: Nimm einfach den Wagen, den Schlitten und ein Boot!
Dann wirst du bestimmt durchkommen, weil du für jedes Wetter
gewappnet bist." Im nächsten Jahr machte der April,
was ihm der Mai geraten hatte, und fuhr los. Der März schickte warmes Wetter.
Da packte der April den Schlitten und das Boot auf den Wagen
15 und ratterte weiter. Kurz darauf wurde es wieder kalt, es fror und schneite.
Aber der April lud einfach alles auf den Schlitten und fuhr weiter.
Zuletzt kam das Tauwetter, und die Wassermassen überschwemmten alles.
Da packte der April Wagen und Schlitten ins Boot und gelangte so zum März.
Der war erstaunt, denn er hatte den April doch foppen wollen.
20 „Wer hat dir gesagt, was man tun muss, um zu mir zu kommen?"
„Das war der Mai", antwortete der April. Da wurde der März fuchsteufelswild
und rief: „Na warte, Mai, das werde ich dir heimzahlen!"
Und er schickte dem Mai ein paar strenge Nachtfröste.
Das tut er nun jedes Jahr, weil er noch immer wütend auf den Mai ist.
25 Der April aber ist seitdem auf jedes Wetter eingestellt.

Volksmärchen

········ *Aufgaben zu allen Texten* ···

1 Welche Fahrzeuge benutzt der April? Unterstreiche.

2 Welches Fahrzeug ist bei welchem Wetter sinnvoll?

3 Welchen Rat gibt der Mai dem April? Unterstreiche.

4 Warum ist der Rat des Monats Mai ein guter Rat? Begründe.

Wähle einen Text.

○ # Ein wunderbarer Sommertag

Eines Tages fuhren wir ans REEM.
Die ENNOS schien
und es wehte ein leichter DNIW.
Wir suchten uns einen schönen Platz am DNARTS.
5 Zuerst gingen wir ins RESSAW.
Danach gab es etwas zu NESSE.
Erst als es dunkel wurde, fuhren wir wieder nach Hause.
Das war ein wunderbarer GAT!

Tanja Weihrauch

◉ # Ein wunderbarer Sommertag

Eines schönen Tages fuhren wir ans REEM.
Die ENNOS schien und es wehte ein leichter DNIW.
Mein APAP fuhr den Wagen.
Neben ihm saß meine AMAM.
5 Mein REDURB und ich saßen hinten.
Bald kamen wir am REEM an.
Dort bauten wir erst einmal eine große GRUB im DNAS.
Danach erfrischten wir uns im RESSAW.
Später gab es etwas zu NESSE.
10 Wir aßen NELLEDAKIRF mit TALAS.
Zum Nachtisch hatte meine Mama NEREEB dabei.
Das war so lecker!
Am Abend haben wir noch ENRETSEES gesammelt.
Erst als es dunkel wurde, fuhren wir wieder nach Hause.
15 Das war ein wunderbarer GAT!

Tanja Weihrauch

Ein wunderbarer Sommertag

Eines schönen Tages fuhren wir ans REEM.

Das RETTEW war herrlich. Die ENNOS schien

und es wehte ein leichter DNIW.

Mein RETAV fuhr den Wagen.

5 Neben ihm saß meine RETTUM.

Mein REDURB und ich saßen hinten.

Bald kamen wir am REEM an.

Wir suchten uns einen schönen Platz am DNARTS.

Dort bauten wir erst einmal eine große GRUB im DNAS.

10 Danach erfrischten wir uns im kühlen RESSAW.

Als wir wieder zu unserem Platz zurück kamen, gab es etwas zu NESSE.

Meine RETTUM hatte alles für ein tolles KCINKCIP eingepackt.

Es gab NELLEDAKIRF mit TALASLEFFOTRAK und frischem TORB.

Zum Nachtisch hatte meine RETTUM ein Menge NEREEBDRE dabei.

15 Das war lecker! Wir haben so viel gegessen,

dass wir nur noch faul im NETTAHCS liegen konnten.

Am Abend haben wir noch NLEHCSUM und

ENRETSEES gesammelt.

Erst als es dunkel wurde, fuhren wir

20 wieder nach Hause.

Das war ein wunderbarer GAT!

Tanja Weihrauch

Du kannst ja auch in jedem Satz ein TROW rückwärts schreiben!

.... Aufgaben zu allen Texten ....

1 Was ist mit einigen Wörtern des Textes passiert?

2 Fällt es dir schwer, die großgeschriebenen Wörter zu lesen?
Wenn ja, woran liegt das?

3 Versuche, den Text flüssig deinem Partner vorzulesen.
Du darfst dir aussuchen, ob du die Wörter vorwärts oder rückwärts liest.

4 Wie sieht für dich ein wunderbarer Sommertag aus?
Schreibe eigene Sätze.

Niko-Geschichte: Durch das Jahr

Den besten Raum meines Hauses habe ich mir bis zuletzt aufgehoben.
Zum Schuljahresende lade ich heute meine ganze Klasse
zu einer Abschlussparty in meine Halle der Jahreszeiten ein.
Hugo Hörnchen hat mir bei den Vorbereitungen geholfen.
5 Wir haben für meine Mitschülerinnen und Mitschüler
extra eine Liste geschrieben, was sie alles mitbringen sollen:
einen Schlitten, eine Badehose oder einen Badeanzug,
einen Drachen und eine Gießkanne.
Sie haben sich sehr gewundert, wofür sie das alles brauchen,
10 aber genau das ist ja das Besondere an diesem Raum.
Heute darf sich jedes Kind aussuchen, wie es den Nachmittag verbringen möchte.

Es gibt vier Möglichkeiten:

1. Im Frühling

Wer in den Frühling möchte, setzt sich auf das Stück Blumenwiese im Westen der
15 Halle. Dort sucht man sich seine Lieblingsblume und riecht daran. Kurz darauf
muss man niesen. Mit dem ersten „Hatschi" befindet sich das Kind dann auf
einer wunderschönen Frühlingswiese im warmen Sonnenschein. Schmetterlinge
flattern durch die Luft, Marienkäfer krabbeln auf den Grashalmen und es duftet
nach Blumen. Wer möchte, kann hier nun einen großen Frühlingsblumenstrauß
20 pflücken, Blumenkränze binden oder Pflanzen gießen.

2. Im Sommer

Wer in den Sommer möchte,
nimmt die Wendeltreppe im südlichen Teil der Halle.
Oben angelangt, muss er sich nur noch
25 in den Einstieg der Riesenrutsche setzen
und dann mit Volldampf in den Sommer rutschen.
Nach einer Wahnsinnsfahrt landet er direkt
in einem riesigen Freibad mit Spielwiesen,
Schwimmbecken, Rutschenparadies
30 und Wellenbad.

3. Im Herbst

Wer in den Herbst möchte, lässt sich in den Blätterhaufen im Osten
der Halle fallen. Er landet nicht auf dem Boden, sondern steht direkt auf
einer herbstlichen Wiese mit großen Kastanienbäumen und bunten Blättern.
35 Es weht genug Wind, um einen Drachen steigen lassen zu können.

4. Im Winter

Wer in den Winter möchte, steigt im nördlichen Teil der Halle in den Aufzug.
Wenn sich die Türe des Aufzugs wieder öffnet, befindet man sich direkt oben
auf einem Skihang. Nur ein paar Meter weiter gibt es eine kurvige Rodelbahn.
40 Man kann sich auch Schneeballschlachten liefern, Schlittschuh laufen und
Schneemänner bauen.

Wer möchte, kann natürlich auch verschiedene Jahreszeiten besuchen.
Ob es wohl Spaß macht, im Badeanzug Schlitten zu fahren?
Hugo Hörnchen und ich freuen uns
45 auf den Besuch meiner Klasse heute Nachmittag.
Und wir freuen uns auch darauf, euch alle im nächsten Schuljahr wiederzusehen
und neue Abenteuer mit euch zu erleben.

Euer Niko mit Hugo Hörnchen

Stephanie Hinkelmann, Susanne Wolff

Lernen lernen

Unbekannte Wörter verstehen

Pferde

Pferde sind reine <u>Vegetarier</u>, das heißt, sie fressen nur Pflanzen.
Ihre Nahrung besteht hauptsächlich aus frischem Gras oder Heu.
Oft wird auch <u>Hafer</u> gefüttert.
Besonders gern fressen Pferde Äpfel und Möhren.

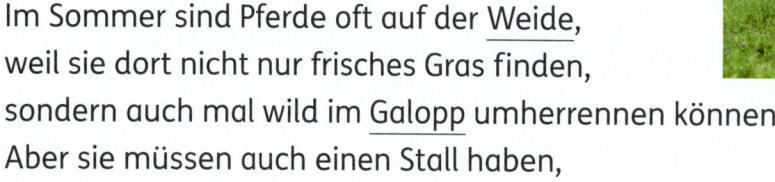

5 Außerdem brauchen sie viel frisches Wasser.

Im Sommer sind Pferde oft auf der <u>Weide</u>,
weil sie dort nicht nur frisches Gras finden,
sondern auch mal wild im <u>Galopp</u> umherrennen können.
Aber sie müssen auch einen Stall haben,
10 der immer mit frischem Stroh ausgelegt ist.

Zusätzlich brauchen Pferde viel Pflege.
Der Stall muss ausgemistet und die Hufe gereinigt werden.
Außerdem muss das Fell immer gründlich <u>gestriegelt</u> werden.

Tanja Weihrauch

---

1 Lies den Text genau.

2 Welche Wörter verstehst du nicht? Unterstreiche.

3 Was kannst du nun tun?
- Lies den Abschnitt noch einmal und überlege,
  was das Wort bedeuten könnte.
- Suche nach Stellen, die das Wort erklären.
- Sieh dir die Bilder zum Text genau an
  und suche in ihnen nach Erklärungen.
- Du kannst auch deine Lehrerin, deine Eltern
  oder deine großen Geschwister fragen.
- Schlage in Lexika oder in anderen Büchern nach.
  Suche auch im Internet.

Wichtige Informationen finden

Katzen

Die in Nordafrika lebende <u>Nubische Falbkatze</u> ist die echte <u>Vorfahrin</u> unserer
heutigen <u>Hauskatzen</u>. Durch Seefahrer kam sie nach Europa.
Die Menschen haben vor vielen hunderten Jahren versucht die Katze zu zähmen.
Sie schätzten die Katzen als Mäuse- und Rattenfänger.

5 Katzen sind nämlich sehr gute Jäger.
Heute hält man sich Katzen als „Gesellschaftstiere".
Sie können sehr anschmiegsam und anhänglich sein.
Trotzdem wird eine Katze auch immer ein bisschen
eigensinnig sein und auf ihre Unabhängigkeit bestehen.

10 Katzen bekommen zweimal im Jahr 2 bis 6 Junge.
Das nennt man einen Wurf. Jedes dieser Jungen kann
einen anderen Vater haben. Die Babys kommen blind und taub, aber schon
mit Fell zur Welt. Sie werden von der Mutter gesäugt, darum heißen sie
auch Säugetiere. Erst nach 10 Tagen können sie ihre Augen aufmachen.

15 Das Fell einer Katze kann einfarbig oder bunt gemustert sein.
Es gibt viele verschiedene Rassen, z.B. Siam, Norwegische Waldkatze, Perser.
Am liebsten mögen Katzen warme Plätze.

Stephanie Hinkelmann

....

1 Lies die Überschrift und den Text genau.

2 Welche Wörter verstehst du nicht? Unterstreiche. → S. 108

3 Überlege dir, worum es in dem Text geht.

4 Welche Wörter geben dir wichtige Informationen? Unterstreiche.
Tipp: Die Fragen können dir helfen, wenn du dir nicht sicher bist.
- Wie kam die Hauskatze nach Europa?
- Warum wurde die Katze gezähmt?
- Warum hält man sich heute Katzen?
- Was können Katzen bei der Geburt noch nicht?
- Wie sehen Katzen bei der Geburt aus?

Einen Text mit eigenen Worten wiedergeben

Mira ist weg

Oh, wie schön ist es im Wald! Mama und Papa, Tim und Nele
gehen am Sonntag mit Mira spazieren.
Alle fünf lieben den Wald, Mira am meisten.

Im Wald kann sie überall herumschnüffeln und aufregende Sachen entdecken.
5 Manchmal verschwindet sie für eine Weile zwischen den Bäumen.
Aber man muss sich keine Sorgen machen.
Mira ist bis jetzt immer wieder zurückgekommen.

Doch diesmal – oh Schreck! –, diesmal bleibt Mira verschwunden.
Papa pfeift. Mama ruft. Tim und Nele suchen hinter jedem Baum.
10 Es wird schon dunkel und Mira ist immer noch weg!

„Es hat keinen Zweck", sagt Papa. „Wir müssen nach Hause."
Ohne Mira nach Hause? Das geht doch nicht. Tim und Nele bitten und betteln.
Aber endlich müssen sie einsehen, dass Papa Recht hat.
Traurig macht sich die Familie auf den Heimweg.
15 Betrübt kommen sie am Gartentor an.
Stumm gehen sie über den Kiesweg zum Haus.

Da macht es: Wuff! Und ein grauer Schatten saust auf sie zu.
Mira! Es ist Mira! Keiner weiß, wie sie nach Hause gefunden hat.
Aber alle freuen sich. Mira am meisten.

Ingrid Uebe

- -

1 Lies jeden Textabschnitt einzeln.

2 Schreibe dir dabei wichtige Informationen heraus. → S. 109

3 Gib nun den Inhalt mit eigenen Worten wieder. Nutze dabei deine
Stichwörter. Bilde ganze Sätze und achte auf die Reihenfolge.

Ein Buch vorstellen

Maximilians Lieblingsbuch

Heute stellt Maximilian sein Lieblingsbuch vor.

Er hat ein passendes Plakat zu seinem Buch gemalt.

Darauf steht auch, wie das Buch heißt und wer es geschrieben hat.

Er hat das Buch gelesen, sich eine spannende Stelle ausgesucht,

5 die er heute vorlesen möchte, und seinen Vortrag gut geübt.

Seine große Schwester Tina hat ihm dabei zugehört

und ihm Verbesserungsvorschläge gemacht.

Jetzt ist er trotzdem ein bisschen aufgeregt. Er beginnt so:

„Mein Lieblingsbuch heißt ‚Quatschgeschichten vom Franz‘.

10 Es wurde von Christine Nöstlinger geschrieben. Der Illustrator ist Erhard Dietl.

Erschienen ist das Buch im Oetinger Verlag.

In dem Buch geht es um den 8-jährigen Franz und seine Freunde Gabi und Eber-

hard. Die Gabi und der Eberhard können sich nicht so gut leiden. Das ist oft sehr

anstrengend für den Franz, weil er sich entscheiden muss, mit wem er spielen will."

15 Er erzählt noch ein bisschen weiter, was in dem Buch genau passiert.

Nun liest er seine Lieblingsstelle vor. An der spannendsten Stelle hört er auf

zu lesen. Am Schluss sagt er: „Das Buch habe ich mir ausgesucht,

weil ich selbst am liebsten Witze erzähle und Quatsch mache.

Quatschgeschichten und Quatschwörter hören sich witzig an."

20 Die Kinder in seiner Klasse klatschen Beifall und fragen ihn ein paar Sachen,

die sie über das Buch wissen wollen. Jetzt dürfen die Mitschüler sagen, was

Maximilian gut gemacht hat und was er das nächste Mal besser machen könnte.

Stephanie Hinkelmann

....

1 Wähle ein Buch aus, das dir gefällt, und lies es.

2 Lies ein kurzes Stück aus dem Buch zu Hause immer wieder laut vor.

3 Erzähle einem Publikum zu Hause den Inhalt des Buches.
   Nenne auch den Titel, den Autor und den Illustrator des Buches.

4 Überlege, was dir an dem Buch gefallen hat und was nicht.

Rätselauflösung

S. 19: Zwei sind's: die Augen; Die Schimmelchen: die Zähne; Du hast mich, doch du siehst mich nicht: die Nase; Wir wandern: die Beine

Verfasser- und Quellenverzeichnis

S. 4/5: Stephanie Hinkelmann, Susanne Wolff: Niko-Geschichte. Originalbeitrag. S. 6/7: Georg Bydlinski: Ausreden in der Schule. Aus: Wasserhahn und Wasserhenne. Wien: Dachs 2002. © beim Autor 2007. S. 7: Lisa-Marie Blum: Kemal. Aus: Texte dagegen. (Gullivers Taschenbuch 716) Hrsg.: Silvia Bartholl. Weinheim, Basel: Beltz & Gelberg 1993. S. 8/9: Peter Härtling: Sofie will nicht fragen. Aus: Sofie macht Geschichten (Auszug, Textversionen 1 und 2 bearbeitet). Gullivers Bücher 28. Weinheim, Basel: Beltz & Gelberg 1980. S. 10/11: Tanja Weihrauch: Omas Zöpfe im Tintenfass. Originalbeitrag. S. 12/13: Tanja Weihrauch: Schulbesuch. Originalbeitrag. S. 14/15: Cornelia Funke: Die neue Schülerin (Auszug, Textversionen 1 und 2 bearbeitet). Aus: Das verzauberte Klassenzimmer. Bindlach: Loewe 1997. S. 16/17: Julia Donaldson: Zogg (Auszug). Weinheim, Basel: Beltz & Gelberg 2010. Übers.: Thomas Eichhorn. S. 18: Sabine Trautmann: Was mein Körper alles kann. Aus: Piri 2. Das Sprach-Lese-Buch. Stuttgart: Klett 2008. S. 18: Schüttle dich und rüttle dich. Text: Monika Ehrhardt. Aus: Monika Ehrhardt und Reinhard Lakomy: Der Traumzauberbaum 3, Rosenhuf, das Hochzeitspferd. SONY MUSIC, Europa-Mini, München 2011. © Rechte beim Urheber. S. 19: Marga Arndt, Waltraud Singer: Kennst du deinen Körper (Auszug)? Aus: Das ist der Daumen Knuddeldick. Ravensburg: Ravensburger 2004. S. 20/21: Anne Steinwart: Kalle (Auszug, Textversionen 1 und 2 bearbeitet). Aus: Der Torwart ist ein Mädchen. Würzburg: Arena 1993. S. 22: Dorothea Czarnetzki/Blanka Koschany: Schau mal – so viel Zucker! Aus: Bücherwurm 2 Lesebuch. Stuttgart: Klett 2013. S. 22: Sylvia Becker-Pröbstel: Richtiges und gutes Essen (Auszug). Aus: Wie ist das mit dem Essen. Stuttgart, Wien: Gabriel 2009. S. 23: Dorothea Czarnetzki: Zähne sind wichtig. Aus: Bücherwurm 2 Lesebuch. Stuttgart: Klett 2013. S. 24/25: Manfred Mai: Ein Wort (Auszug, Textversionen 1 und 2 bearbeitet). Aus: Mein erstes Freundschafts-Bilderbuch. Ravensburg: Ravensburger 2009. S. 26/27: Elizabeth Shaw: Putzi (Auszug, Textversionen 1 und 2 bearbeitet). Aus: Wie Putzi einen Pokal gewann. Berlin: Der Kinderbuchverlag 1994. S. 28/29: Helga Schubert: Bimmi und die Victoria A (Auszug). Aus: Bimmi vom hohen Haus. Berlin: Der Kinderbuchverlag 2000. S. 30: Rolf Krenzer: Ich wünsch' dir einen guten Tag. Aus: Rolf Krenzer (Hrsg.): Ich wünsch' dir einen guten Tag. Werkbuch für Religion und Gottesdienst. Mit Texten, Liedern und Spielvorschlägen für 5- bis 10jährige. Kevelaer: Lahn-Verlag 1983. S. 30: Almuth Bartl: Ich spiel auch mal gern alleine – Wolkentheater. Aus: 100 Spiele für die Ferien. Nürnberg: Tessloff 2007. S. 31: Regina Schwarz: Jeder kann was andres gut. Aus: Astrid Hille, Dina Schäfer, Antje Bohnstedt Velber So bin ich: Einmalig, selbstbewusst und stark. Freiburg: OZ Velber 2003. S. 32/33: Michail Pljatzkowski: Eine Lektion in Freundschaft (Auszug, Textversionen 1 und 2 bearbeitet). Aus: Dicke Freunde. Leipzig: Leipziger Kinderbuchverlag 2009. © LeiV 1994. S. 34/35: Susanne Wolff: Warten lohnt sich. Originalbeitrag. S. 36: Verfasser unbekannt: Blindes Zusammenspiel. S. 36: Verfasser unbekannt: Faules Ei. S. 37: Gisela Dürr, Martin Steinhofer: Mutter, Mutter, darf ich reisen? Aus: Schöne alte Kinderspiele. Ideen für Kinder aller Altersstufen. München: Piper 2002. S. 38/39: Carl Norac: Meine Mama kann zaubern (Auszug, Textversionen 1 und 2 bearbeitet). Hamburg: Carlsen 2007. Übers.: Sophie Birkenstädt. S. 40/41: Kathryn Cave: Irgendwie Anders (Auszug). Illustr. v. Chris Riddell. Hamburg: Oetinger 1994. Übers.: Salah Naoura. S. 42: Peter Hacks: Zauberstab und Zauberhut. Aus: Zur Schule geh ich seit drei Tagen. Berlin: Der Kinderbuchverlag 1973. S. 42: Erhard Dietl: Wenn ich groß bin (Auszug). Aus: Wenn ich groß bin. Hamburg: Friedrich Oetinger 1993. S. 43: Stephanie Hinkelmann, Susanne Wolff: Gespenster. Originalbeitrag. Nach einer Idee von Friedl Hofbauer, Anna Melach: Die Gespinster. Katzenbettgemisch. Carl Ueberreuter, Wien 1993. S. 44/45: Verfasser unbekannt: Geheime Botschaft. Aus: Mare aHoi! 1/11. S. 46–49: Richard Hamilton: Lisabeth und die knallharten Piraten (Auszug, Textversionen 1 und 2 bearbeitet). Berlin: Bloomsbury K&J Taschenbuch 2007. Übers.: Monika Schmalz. S. 50/51: Brüder Grimm: Die Sterntaler (Auszug, Textversionen 1 und 2 bearbeitet). Aus: Mein allererster Märchenschatz. München: arsEdition 2010. S. 52/53: Rose Impey: Das Mitternachtsschiff. Aus: Rose Impey: Gruselspaß und Geisterspuk. München: Egmont Franz Schneider 2002. Übers.: Iris Prael. S. 54: Alfred Könner: Dicki Nicki. Aus: Sieben Blumensträuße. Reime und Gedichte für den Kindergarten. Berlin: Volk und Wissen 1989. S. 54: Heinz Kahlau: Das Gänseblümchen; Der Löwenzahn. Aus: Der Rittersporn blüht blau im Korn. Berlin: Der Kinderbuchverlag 1987. S. 55: Rudolf Baumbach: Die Gäste der Buche. Aus: Im Frühling wie im Winter. Kindergedichte, Berlin: Der Kinderbuchverlag 1962. S. 55: Alfred Könner: Das leise Gedicht. Aus: Christa Holtei (Hrsg.): Abc-Suppe und Wortsalat. Düsseldorf: Patmos 2006. S. 56/57: Ursel Scheffler: Kleine Eulen dürfen heulen (Auszug, Textversionen 1 und 2 bearbeitet). Aus: Heinz Brand: Ach, du liebe Zeit! Oldenburg: Lappan 2007. S. 58/59: Stephanie Hinkelmann: Kleines Blumenlexikon. Originalbeitrag. S. 60/61: Die höchste Müllkippe der Welt (Textversionen 1 und 3 bearbeitet). Nach: Die Olchis. Das Magazin, 3/11 S. 62/63: Mazedonisches Märchen: Ein Konzert für die Sonne (Auszug). Aus: Die kluge Katze. Die schönsten Tiermärchen aus aller Welt. Berlin und München: Annette Betz 2006. Neu erzählt v. Heinz Janisch. S. 64: Rolf Zuckowski (Musik und Text): Das Eine-Welt-Lied. © by MUSIK FÜR DICH Rolf Zuckowski OHG (Sikorski Musikverlage), Hamburg. S. 64: Hans Baumann: Ferienkoffer. Aus: Bilder und Gedichte für Kinder, Braunschweig: Georg Westermann 1990. © Elisabeth Baumann. S. 65: James Krüss: Das kleine Land Pimpluzie. Aus: Ein Eisbär ist kein Pinguin. Das große James Krüss-Buch. Köln: Boje 2007. S. 66: Ursula Scheffler: Fremdsprachen sollte man können. Aus: Fisher-Price: Lernen ist lustig. Kleine und große Tiere, Amsterdam: Time life Kinderbibliothek 1990. S. 66/67: Verfasser unbekannt: Sprachen auf der Welt. S. 68: Verfasser unbekannt: Der gordische Knoten von den Philippinen. © Bergheim: LABBÉ GmbH 2013. http://www.labbe.de/zzzebra/druckversion. asp?themaid=522&titelid=4384 S. 68: Verfasser unbekannt: Das Klatschspiel aus Sierra Leone. © Bergheim: LABBÉ GmbH 2013. http://www.labbe.de/zzzebra/druckversion. asp?themaid=522&titelid=4383 S. 69: Matthias Mala: Blinde Kuh auf Chinesisch. Aus: Komm und spiel mit uns! Das Unicef-Buch der Kinderspiele. Würzburg: Arena 1993. S. 70/71: Christine Schulze-Reiss: Hurra, ich darf in die Schule (Auszug, Textversionen 1 und 2 bearbeitet). Aus: So lebt die Welt. Bindlach: Loewe 2006. S. 72/73: Doris Wiederhold: Julies Einschlafbuch (Auszug). München: arsEdition 1998. S. 74: Dorothea Czarnetzki: Was sind die Elemente der Erde? S. 74: Elisabeth Borchers: Das ist die Erde. Aus: Das große Lalula. München: Ellermann 1971. S. 75: Jutta Richter: Wolken. Aus: Hans-Joachim Gelberg (Hrsg.): Wo kommen die Worte her? Weinheim, Basel: Beltz & Gelberg 2011. S. 76/77: Nach Carole Stott: Warum ist die Erde ein besonderer Planet? Aus: Tessloffs schlaue Antwortbücher. Warum funkeln die Sterne und andere Fragen über das Weltall. Nürnberg: Tessloff 1994. S. 78/79: Werner Lindemann: Ein Stück Regenbogen. Aus: Tüftelchen (Auszug, Textversionen 1 und 2 bearbeitet), Berlin: Der Kinderbuchverlag 1989. S. 80/81: Stephanie Hinkelmann: Planeten. Originalbeitrag. S. 82/83: Angela Hopf: Die Regentropfen Pling Plang Plung. Ellermann 1969. http://www.goloseo-verlag.de/buecher/pling-plang-plung/ S. 84: Corina Butz: Bücherwurm und Computermaus. Aus: Bücherwurm 2 Lesebuch. Stuttgart: Klett 2013. S. 84: Frauke Nahrgang: Schwer verdaulich. Aus: Hans Gärtner (Hrsg.): Ich lach mir einen Ast. Spaßgeschichten und Sprachspinnereien. München: Annette Betz 1995. S. 85: Walther Petri: Gedichte sind Briefe. Aus: Tohuwabohu. Berlin: Der Kinderbuchverlag 1986. S. 85: Georg Bydlinski: Die Dinge reden. Aus: Wasserhahn und Wasserhenne. Wien: Dachs 2002. S. 86/87: Susanne Wolff: Ein Besuch in der Bibliothek. Originalbeitrag. Nach einer Idee von Corina Butz: Ein Besuch in der Bibliothek. Bücherwurm 2 Lesebuch, Stuttgart: Klett 2013. S. 88/89: Susanne Wolff: Meine ganz besonderen Haustiere. Originalbeitrag. S. 90/91: Nikolaus Heidelbach: Ein Buch für Bruno (Auszug, Textversionen 1 und 2 bearbeitet). Weinheim, Basel: Beltz & Gelberg 1997. S. 92: Verfasser unbekannt: Wege der Kommunikation – Telefon, E-Mail. S. 93: Annika Uppendahl: Briefe. Berlin: Rossipotti, Literaturlexikon für Kinder 2012. http://www.rossipotti.de/inhalt/literaturlexikon/sachbegriffe/brief.html S. 94/95: Janosch: Haustelefon. Aus: Post für den Tiger. Weinheim, Basel: Beltz & Gelberg 1980. S. 96: Janosch: Der Frühling; Der Sommer; Der Herbst; Der Winter. Aus: Janosch: Die Maus hat rote Strümpfe an. Weinheim, Basel: Beltz 1978. S. 97: Hannes Hüttner: Zwölf Monate hat das Jahr. Berlin: Planet 1988. © Sieben Blumensträuße. Reime und Gedichte aus meinem Kindergarten. Berlin: Volk und Wissen 1987. S. 97: Peter Hacks: Die Blätter an meinem Kalender. Aus: Peter Hacks: Der Flohmarkt – Gedichte für Kinder. Berlin: Eulenspiegel 2001. © Eulenspiegel Verlag Berlin. S. 98/99: Gina Ruck-Pauquèt: Drachensteigen (Auszug, Textversionen 1 und 2 bearbeitet). Aus: Heiner Schmidt (Hrsg.): Wir fliegen mit dem Sommerwind. Zürich, Köln: Benziger 1968. S. 100/101: Fredrik Vahle: Das Gewicht der Schneeflocke (Auszug, Textversionen 1 und 2 bearbeitet). Aus: Fredrik Vahle: Weihnachtsgrüße. Köln: Middelhauve Verlag 1986. S. 102/103: Volksmärchen: Wie der April den März besuchte (Auszug, Textversionen 1 und 2 bearbeitet). Aus: Karin Jäckel (Hrsg.): Das große bunte Osterbuch. Bindlach: Loewe 1995. S. 104/105: Tanja Weihrauch: Ein wunderbarer Sommertag. Originalbeitrag. S. 106/107: Stephanie Hinkelmann, Susanne Wolff: Niko-Geschichte: Durch das Jahr. Originalbeitrag. S. 108: Tanja Weihrauch: Pferde. Originalbeitrag. S. 108: Isolde Stangner: Unbekannte Wörter verstehen. Aus Bücherwurm 2 Lesebuch, Stuttgart: Klett 2013. S. 109: Stephanie Hinkelmann: Katzen. Originalbeitrag. S. 110: Ingrid Uebe: Mira ist weg. Aus: Kleine Hundegeschichten. München: arsEdition 2003. S. 110: Einen Text mit eigenen Worten wiedergeben. Nach einer Idee von: Anne Braun: Einen Text mit eigenen Worten wiedergeben. Bücherwurm 2 Lesebuch, Stuttgart: Klett 2013. S. 111: Stephanie Hinkelmann: Maximilians Lieblingsbuch. Originalbeitrag.